DISCOURS

SUR

LA VIE ET LES OUVRAGES

DE PASCAL.

A LA HAYE,

Et se trouve à PARIS,

Chez NYON l'aîné, rue du Jardinet, quartier Saint André-des-Arcs.

M. DCC. LXXXI.

AVERTISSEMENT.

En 1779, il parut une collection complette des Œuvres de Paſcal, en cinq volumes in-8°. avec cette épigraphe tirée de Tite-Live : Cujus gloriæ neque profuit quiſquam laudando, nec vituperando quiſquam nocuit, cùm utrumque ſummis præditi fecerint ingeniis; *& avec un Diſcours ſur la Vie & les Ouvrages de Paſcal.*

L'Auteur de ce Diſcours y a fait des corrections & des additions très-conſidérables; il le préſente, en cet état, au Public dont il réclame l'indulgence.

Le Recueil des Œuvres de Paſcal, imprimé à la Haye, chez Detune, ſe trouve à Paris chez NYON *l'aîné, rue du Jardinet, quartier S. André-des-Arcs.*

DISCOURS

SUR

LA VIE ET LES OUVRAGES DE PASCAL.

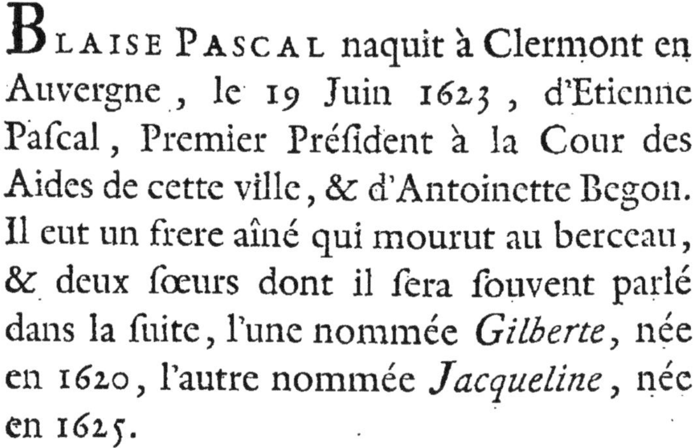
BLAISE PASCAL naquit à Clermont en Auvergne, le 19 Juin 1623, d'Etienne Pascal, Premier Président à la Cour des Aides de cette ville, & d'Antoinette Begon. Il eut un frere aîné qui mourut au berceau, & deux sœurs dont il sera souvent parlé dans la suite, l'une nommée *Gilberte*, née en 1620, l'autre nommée *Jacqueline*, née en 1625.

La famille des Pascal avoit été anoblie par Louis XI, vers l'année 1478; & depuis cette époque, elle possédoit dans l'Auvergne des places distinguées qu'elle honoroit par ses vertus & par ses talens.

Ces qualités héréditaires, transmises à Etienne Pascal, avoient acquis en lui toute la force que peuvent donner l'exemple & le travail. A la probité la plus rigoureuse, il joignoit la science des Loix, & une érudition fort étendue dans les matieres de Philosophie & de Littérature. La simplicité des mœurs antiques & les paisibles charmes de l'amitié habitoient sa maison. Tous les jours, après avoir rempli ses fonctions d'homme public à la Cour des Aides, il rentroit dans le sein de sa famille, & pour délassement venoit partager, avec une femme aimable & vertueuse, les soins domestiques. Il eut le malheur de perdre cette épouse chérie, en 1626; & dès ce moment son ame, profondément affligée, se ferma à tout autre sentiment qu'au desir de donner une excellente éducation aux trois enfans qui lui restoient. Il vouloit les former lui-même à la vertu & aux connoissances utiles; mais il sentit bientôt que l'exécution de ce projet ne pouvoit pas se concilier avec les devoirs d'une Magistrature pénible : il ne balança point; il vendit sa Charge en 1631,

& vint demeurer à Paris avec ſa famille, pour pouvoir remplir librement envers elle des devoirs plus ſacrés encore, impoſés par la nature. Sa principale attention ſe porta ſur ſon fils unique, qui avoit annoncé preſque dès le berceau, ce qu'il devoit être un jour. Les langues & les premiers élémens des ſciences furent les objets préſentés d'abord à l'avidité que cet enfant montroit de s'inſtruire. En même-tems Etienne Paſcal enſeignoit le latin & les belles-lettres à ſes deux filles, pour les accoutumer de bonne-heure à cet eſprit de réflexion, ſi important au bonheur de la vie, & non moins néceſſaire aux femmes qu'aux hommes.

La fameuſe guerre de trente ans déſoloit alors toute l'Europe. Cependant au milieu de tant de déſaſtres l'éloquence & la poéſie, déja floriſſantes en Italie depuis plus d'un ſiecle, commencoient à jetter de l'éclat en France & en Angleterre; les Mathématiques & la Phyſique ſortoient des ténébres; la ſaine Philoſophie, ou plutôt la vraie méthode de philoſopher, pénétroit dans les Ecoles; & la révolution que Galilée & Deſcartes avoient préparée, s'accompliſſoit rapidement. Entraîné par ce mouvement univerſel, Etienne

Paſcal devint Géometre & Phyſicien. Il ſe lia, par conformité de goût & d'occupations, avec le P. Merſenne, Roberval, Carcavi, le Pailleur, &c. Ces ſavans hommes s'aſſembloient de tems en tems les uns chez les autres, pour raiſonner ſur les objets de leurs travaux, ou ſur les différentes queſtions que le haſard & la chaleur de la diſpute pouvoient faire naître. Ils entretenoient un commerce réglé de lettres avec d'autres Savans répandus dans les provinces de France & dans les pays étrangers : par-là ils étoient inſtruits très-promptement de toutes les découvertes qui ſe faiſoient dans les Mathématiques & dans la Phyſique. Cette petite ſociété formoit une eſpece d'académie dont l'amitié & la confiance étoient l'ame, libre d'ailleurs de toute loi & de toute contrainte. Elle a été la premiere origine de l'Académie des Sciences, qui ne fut établie, ſous le ſceau de l'autorité royale, qu'en 1666.

Le jeune Blaiſe Paſcal aſſiſtoit quelquefois aux conférences qui ſe tenoient chez ſon pere. Il écoutoit avec une extrême attention ; il vouloit ſavoir les cauſes de tous les effets. On rapporte qu'à l'âge de onze ans il compoſa un petit Traité ſur les ſons, dans lequel il cherchoit à expliquer pourquoi une aſſiette frappée avec un couteau, rend un ſon qui ceſſe tout-à-coup lorſqu'on y applique la main. Son pere craignant que ce goût trop vif pour les Sciences, ne nuisît à l'étude des Langues qu'on regardoit alors comme la partie la plus eſſentielle de l'éducation, décida, de concert avec la petite ſociété, que dorénavant on s'abſtiendroit de parler de Mathématiques & de Phyſique en préſence du jeune homme. Il en fut déſolé : on lui promit, pour l'appaiſer, de lui apprendre la Géométrie, quand il ſauroit le Latin & le Grec, & quand il ſeroit digne d'ailleurs d'entendre cette Science. En attendant, on ſe contenta de lui dire qu'elle conſidere l'étendue des corps, c'eſt-à-dire, leurs trois dimenſions, longueur, largeur & profondeur; qu'elle enſeigne à former des figures d'une maniere juſte & préciſe, à comparer ces figures les unes avec les autres, &c.

Cette indication vague & générale, accordée à la curioſité importune d'un enfant, fut un trait de lumiere qui développa le germe de ſon talent pour la Géométrie. Dès ce moment il n'a plus de repos : il veut à toute force pénétrer dans cette Science qu'on lui cache avec tant de myſtere, & qu'on croit au-deſſus de lui, par mépris pour ſon âge! Pendant ſes heures de récréation, il s'enfermoit ſeul dans une chambre iſolée: là, avec du charbon, il traçoit ſur le carreau des triangles, des parallélogrammes, des cercles, &c. ſans ſavoir les noms de ces figures; enſuite il examinoit les ſituations que les lignes ont les unes à l'égard des autres en ſe rencontrant; il comparoit les étendues des figures, &c. Ses raiſonnemens étoient fondés ſur des définitions & des axiomes qu'il s'étoit faits lui-même. De proche en proche il parvint à reconnoître que la ſomme des trois angles de tout triangle doit être meſurée par une demi-circonférence, c'eſt-à-dire, doit égaler la ſomme de deux angles droits; ce qui eſt la trente-deuxieme propoſition du premier Livre d'Euclide. Il en étoit à ce Théorême, lorſqu'il fut ſurpris par ſon pere, qui ayant ſu l'objet, le progrès & le réſultat de ſes recherches, demeura quelque tems muet, immobile, confondu d'admiration & d'attendriſſement; puis courut tout hors de lui-même raconter ce qu'il venoit de voir à M. le Pailleur, ſon intime ami.

Je ne dois pas dissimuler qu'on a élevé des nuages sur ce trait de la vie de Pascal. Les uns l'ont nié, comme fabuleux & impossible; les autres l'ont admis, sans y trouver d'ailleurs rien d'extraordinaire. Mais si on examine les choses sans prévention, on verra que le fait est trop attesté pour qu'on puisse le révoquer en doute; & on conviendra, d'un autre côté, que si un tel effort d'esprit n'est pas supérieur à la nature humaine, il est du moins fort au-dessus de l'ordre commun.

Quoi qu'il en soit, on ne contraignit plus le goût du jeune Pascal: il eut toute liberté d'étudier la Géométrie; on lui donna à lire, à l'âge de douze ans; les Elémens d'Euclide, qu'il entendit tout seul, & sans avoir jamais besoin de la moindre explication. Bientôt il fut en état de tenir un rang distingué dans les assemblées des Savans, & d'y apporter des ouvrages de sa façon. Il n'avoit pas encore seize ans, qu'il composa sur les Sections coniques un petit Traité, qui fut regardé alors comme un prodige de sagacité.

Etienne Pascal étoit le plus heureux des peres; il voyoit son fils marcher à pas de géant dans la carriere des Sciences qu'il regardoit comme le plus noble exercice de l'eſprit humain : ſes filles ne lui donnoient pas moins de ſatisfaction ; à une figure agréable, elles joignoient une raiſon ſupérieure à leur âge ; & le monde où elles paroiſſoient depuis peu de tems, commençoit à les diſtiguer. Tout ce bonheur fut troublé par un de ces événemens que la prudence des hommes ne peut prévoir, ni empêcher.

Au mois de Décembre 1638, le Gouvernement, appauvri par une longue ſuite de guerres & de déprédations dans les finances, fit quelques retranchemens ſur les rentes de l'Hôtel-de-Ville de Paris. Cette maniere de libérer l'Etat eſt, comme on ſait, un des moyens les plus faciles qu'on puiſſe employer ; mais elle excita alors parmi les Rentiers des murmures un peu vifs, & même des aſſemblées que l'on traita de ſéditieuſes. Etienne Paſcal fut accuſé d'en être l'un des principaux moteurs. Cette imputation injuſte pouvoit avoir quelqu'ombre de vraiſemblance, parce qu'en arrivant à Paris, il avoit placé la plus grande partie de ſon bien ſur l'Hôtel-de-Ville. Auſſi-tôt un Miniſtre terrible, dont le deſpotiſme s'effarouchoit de la moindre réſiſtance, fit expédier un ordre d'arrêter Etienne Paſcal, & de le mettre à la Baſtille; mais averti à tems par un ami, il ſe tint d'abord caché, puis ſe rendit ſecrement en Auvergne.

Qu'on ſe repréſente la douleur de ſes enfans, & celle qu'il reſſentit lui-même d'être forcé à les abandonner dans l'âge où ils avoient le plus beſoin de ſa vigilance paternelle! Si les hommes puiſſans, qui, ſans examen, ſans preuves, ſe permettent de telles violences, conſervent un cœur encore acceſſible au remords, ils doivent être quelquefois bien malheureux.

L'ouvrage de la calomnie ne fut pas de longue durée; & on peut remarquer ici l'enchaînement biſarre des choſes humaines. Le Cardinal de Richelieu ayant eu la fantaiſie de faire repréſenter devant lui, par de jeunes filles, l'*Amour tyrannique*, Tragi-Comédie de Scudéry, la Ducheſſe d'Aiguillon, chargée de la conduite du Spectacle, deſira que Jacqueline Paſcal, qui avoit alors environ treize ans, fût l'une des Actrices; mais Gilberte, ſa ſœur aînée, & chef de la famille en l'abſence du pere, répondit fiérement : *M. le Cardinal ne nous donne pas aſſez de plaiſir, pour que nous penſions à lui en faire.* La Ducheſſe inſiſta, & fit même entendre que le rappel d'Etienne Paſcal ſeroit peut-être le prix de la complaiſance qu'elle exigeoit. L'affaire eſt propoſée aux amis de la famille : on décide que Jacqueline acceptera le rôle qui lui étoit deſtiné. La piece fut repréſentée le 3 Avril 1639. Jacqueline mit dans ſon jeu une grace & une fineſſe qui enleverent tous les ſpectateurs, & principalement le Cardinal de Richelieu. Elle fut adroite à profiter de ce moment d'enthouſiaſme. Le ſpectacle fini, elle s'approche du Cardinal, & lui récite un petit placet en vers (1), pour demander le retour de ſon pere. Le Cardinal la prenant dans ſes bras, *l'embraſſant & la baiſant à tous momens, pendant qu'elle diſoit ſes vers*, comme elle-

(1) Voici ce Placet :

Ne vous étonnez pas, incomparable ARMAND,
Si j'ai mal contenté vos yeux & vos oreilles :
Mon eſprit agité de frayeurs ſans pareilles,
Interdit à mon corps, & voix, & mouvement :
Mais pour me rendre ici capable de vous plaire,
Rappellez de l'exil mon miſérable pere :
C'eſt le bien que j'attends d'une inſigne bonté ;
Sauvez cet innocent d'un péril manifeſte :
Ainſi vous me rendrez l'entiere liberté
De l'eſprit & du corps, de la voix & du geſte.

même le raconte dans une lettre écrite le lendemain à ſon pere : *oui, mon enfant,* répond-il, *je vous accorde ce que vous demandez ; écrivez à votre pere qu'il revienne en toute sûreté.* Alors la Ducheſſe d'Aiguillon prit la parole, & fit ainſi l'éloge d'Etienne Paſcal : *C'eſt un fort honnête homme ; il eſt très-ſavant, & c'eſt bien dommage qu'il demeure inutile. Voilà ſon fils,* ajouta-t-elle, en montrant Blaiſe Paſcal, *qui n'a que quinze ans, & qui eſt déja un grand Mathématicien!* Jacqueline, encouragée par un premier ſuccès, dit au Cardinal : *Monſeigneur, j'ai encore une grace à vous demander..... Eh quoi ma fille? demande tout ce que tu voudras ; tu es trop aimable, on ne peut rien te refuſer....... Permettez que notre pere vienne lui-même remercier votre Eminence de ſes bontés...... Oui, je veux le voir, & qu'il m'amene ſa famille.*

Auſſi-tôt on mande à Étienne Paſcal de revenir en toute diligence : arrivé à Paris, il vole, avec ſes trois enfans, à Ruel, chez le Cardinal, qui lui fait l'accueil le plus flatteur : *Je connois tout votre mérite,* lui dit Richelieu ; *je vous rends à vos enfans, & je vous les recommande ; j'en veux faire quelque choſe de grand.*

Deux ans aprés, c'eſt-à-dire, en 1641, Étienne Paſcal fut nommé à l'Intendance de Rouen, conjointement avec M. de Paris, Maître des Requêtes (1). Il remplit pendant ſept années conſécutives les importantes fonctions attachées à ſa place, avec une capacité & un déſintéreſſement qui furent également applaudis de la Province & de la Cour. Il avoit emmené toute ſa famille avec lui ; & la même année 1641, il maria ſa fille Gilberte à M. Périer, qui s'étoit diſtingué dans une commiſſion que le Gouvernement lui avoit donnée en Normandie, & qui dans la ſuite acheta une charge de Conſeiller à la Cour des Aides de Clermont-Ferrand.

Blaiſe Paſcal, déja compté parmi les Géométres du premier ordre, eut un avantage peut-être unique, mais qu'il paya de ſa ſanté & même de ſa vie : celui de pouvoir ſe livrer ſans contrainte & ſans réſerve à ſon génie pour les Sciences. A peine âgé de dix-neuf ans, il inventa la fameuſe *Ma-*

(1) Etienne Paſcal étoit chargé de la perception des tailles, & M. de Paris, de l'entretien des Troupes qui ſe trouvoient alors en grand nombre en Normandie, à cauſe des troubles excités dans cette province.

chine

chine Arithmétique qui porte ſon nom. On ſait combien les opérations de l'Arithmétique ſont néceſſaires, non-ſeulement dans le commerce le plus ordinaire de la ſociété, mais encore dans toutes les applications qu'on peut faire des Mathématiques à la Phyſique & aux Arts, puiſqu'en derniere analyſe, les relations des quantités qui entrent dans un problême, doivent toujours être exprimées en nombres. Mais quand les méthodes pour exécuter les calculs numériques, ſont une fois trouvées, l'uſage monotone & prolixe de ces méthodes fatigue très-ſouvent l'attention, ſans attacher l'eſprit. Rien ne ſeroit donc plus utile qu'un moyen méchanique & expéditif de faire toutes ſortes de calculs ſur les nombres, ſans autre ſecours que celui des yeux & de la main. Tel eſt l'objet que Paſcal s'eſt propoſé par ſa Machine. Les pieces qui en forment le principe & l'eſſence, ſont pluſieurs rouleaux ou barillets, parallèles entre eux, & mobiles autour de leurs axes: ſur chacun d'eux on écrit deux ſuites de nombres depuis zéro juſqu'à neuf, leſquelles vont en ſens contraires, de ſorte que la ſomme de deux chiffres correſpondans forme toujours neuf; enſuite on fait tourner, par un même mouvement, tous ces barillets de gauche à droite, & les chiffres dont on a beſoin, pour les différentes opérations de l'Arithmétique, paroiſſent à travers de petites fenêtres percées dans la face ſupérieure. La Machine eſt composée d'ailleurs de roues & de pignons qui s'engrenent enſemble, & qui font leurs révolutions par un méchaniſme à peu-près ſemblable à celui d'une montre ou d'une pendule. Il n'eſt pas poſſible d'en donner ici une explication plus détaillée (1). L'idée de cette Machine a paru ſi belle & ſi utile, qu'on a cherché pluſieurs fois à la perfectionner, & à la rendre plus commode dans la pratique. Leibnitz s'eſt occupé long-tems de ce problême; & il a trouvé effectivement une Machine plus ſimple que celle de Paſcal. Malheureuſement toutes ces Machines ſont coûteuſes, un peu embarraſſantes par le volume, & ſujettes à ſe déranger. Ces inconvéniens ſont plus que compenſer leurs avantages.

(1) Voyez-en la deſcription par M. Diderot, dans l'Encyclopédie, ou dans le Tome IV du Recueil des Œuvres de Paſcal.

Aussi les Mathématiciens préférent-ils généralement les tables des logarithmes, qui changent les opérations les plus compliquées de l'Arithmétique en de simples additions ou soustractions, auxquelles il suffit d'apporter une légere attention, pour éviter les erreurs de calcul. Mais la découverte de Pascal n'en est pas moins ingénieuse en elle-même. Elle lui coûta de grands efforts de tête, tant pour l'invention, que pour faire concevoir la combinaison des rouages aux Ouvriers chargés de les exécuter. Ce travail opiniâtre & forcé affecta sa constitution physique, déja foible & chancelante; & dès ce moment, sa santé alla toujours en dépérissant.

La Physique offrit bientôt après à sa curiosité active & inquiete, l'un des plus grands phénomènes qui existent dans la Nature: phénomene dont l'explication est principalement due à ses expériences & à ses réflexions. Les Fontainiers de Côme de Médicis, Grand-Duc de Florence, ayant remarqué que dans une pompe aspirante, où le piston jouoit à plus de trente-deux pieds au-dessus du réservoir, l'eau, après être arrivée à cette hauteur de trente-deux pieds, dans le tuyau, refusoit opiniâtrement de s'élever davantage, consulterent Galilée sur la cause de ce refus qui leur paroissoit fort bizarre. L'Antiquité avoit dit : l'eau monte dans les pompes & suit le piston, parce que la Nature abhorre le vuide. Galilée, imbu de cette opinion reçue alors dans toutes les Écoles, répondit à la question des Fontainiers, que l'eau s'élevoit en effet d'abord, parce que la Nature ne peut souffrir le vuide, mais que cette horreur avoit une sphere limitée, & qu'au-delà de trente & deux pieds elle cessoit d'agir. On rit aujourd'hui de cette explication : mais quelle force n'a pas une erreur de vingt siecles, & comment se soustraire tout d'un coup à sa tyrannie ? Cependant Galilée sentit quelque scrupule sur la raison qu'il s'étoit hâté de donner aux Fontainiers : car, pour l'honneur de la Philosophie, il avoit cru devoir leur faire promptement une réponse bonne ou mauvaise. Il étoit alors avancé en âge, & ses longs travaux l'avoient épuisé ; il chargea Toricelli, son Disciple, d'approfondir la question, & de réparer, s'il en étoit besoin, le scandale qu'il craignoit d'avoir causé aux Philosophes, qui, comptant l'autorité pour rien, cherchent à puiſer la vérité immédiatement au ſein de la Nature, comme lui-même l'avoit enſeigné par ſon exemple en pluſieurs autres occaſions.

Toricelli joignoit à de profondes connoiſſances en Géométrie, le génie de l'obſervation dans les matieres de Phyſique. Il ſoupçonna que la peſanteur de l'eau étoit un des élémens d'où dépendoit ſon élévation dans les pompes, & qu'un fluide plus peſant s'y tiendroit plus bas. Cette idée, qui nous paroît aujourd'hui ſi ſimple, & qui fut alors la véritable clef du problême, ne s'étoit encore préſentée à perſonne : & pourquoi en effet ceux qui admettoient l'horreur de la Nature pour le vuide, auroient-ils penſé que le poids du fluide put la borner ou détruire ſon action ? Il ne s'agiſſoit plus que d'interroger l'expérience. Toricelli remplit de mercure un tuyau de verre, de trois pieds de longueur, fermé exactement en bas, & ouvert en haut; il appliqua le doigt ſur le bout ſupérieur, & renverſant le tube, il plongea ce bout dans une cuvette pleine de mercure; alors il retira le doigt, & après quelques oſcillations le mercure demeura ſuſpendu dans le tube à la hauteur d'environ vingt & huit pouces au-dessus de la cuvette. Cette expérience est, comme on voit, celle que nous offre continuellement le *Barometre*. Toricelli la varia de plusieurs manieres ; & dans tous les cas le mercure se soutint à une hauteur qui étoit environ la quatorzieme partie de celle de l'eau dans les pompes. Or, sous le même volume, le mercure pese à peu-près quatorze fois plus que l'eau. D'où Toricelli inféra que l'eau dans les pompes, & le mercure dans le tube, devoient exercer des pressions égales sur une même base ; pressions qui devoient être nécessairement contrebalancées par une même force fixe & déterminée. Mais quelle est enfin cette force ? Toricelli instruit par Galilée que l'air est un fluide pesant, crut & publia en 1645, que la suspension de l'eau ou du mercure, quand rien ne pese sur sa surface intérieure, est produite par la pression que la pesanteur de l'air exerce sur la surface du réservoir ou de la cuvette. Il mourut peu de tems après, sans emporter, ou du moins sans laisser la certitude absolue que son opinion étoit réellement le secret de la Nature.

Aussi cette explication n'eut-elle d'abord

qu'un ſuccès médiocre parmi les Savans. Le ſyſtême de l'horreur du vuide étoit trop accrédité, pour céder ainſi ſans réſiſtance la place à une vérité qui, après tout, ne ſe préſentoit pas encore avec ce dégré d'évidence propre à frapper tous les yeux, & à réunir tous les ſuffrages. On crut expliquer les expériences des pompes & du tube de Toricelli, en ſuppoſant qu'il s'évaporoit de la colonne d'eau ou de mercure, une *matiere ſubtile*, *des eſprits aériens*, qui rétabliſſoient le plein dans la partie ſupérieure, & ne laiſſoient à l'horreur du vuide que l'activité ſuffiſante pour ſoutenir la colonne.

Paſcal, qui dans ce tems-là étoit à Rouen, ayant appris du P. Merſenne le détail des expériences dont je viens de parler, les répéta, en 1646, avec M. Petit, Intendant des Fortifications, & trouva de point en point les mêmes réſultats qui avoient été mandés d'Italie, ſans y remarquer d'ailleurs rien de nouveau. Il ne connoiſſoit pas encore alors l'explication de Toricelli. En réfléchiſſant ſimplement ſur les conſéquences immédiates des faits, il vit que la maxime admiſe par-tout, que la Nature ne ſouffre pas le vuide, n'avoit aucun fondement ſolide.

Néanmoins, avant que de la proſcrire entiérement, il crut devoir faire de nouvelles expériences, plus en grand, plus concluantes que celles d'Italie. Il y employa des tuyaux de verre qui avoient juſqu'à cinquante pieds de hauteur, afin de préſenter à l'eau un long eſpace à parcourir, de pouvoir incliner les tuyaux, & de faire prendre au fluide pluſieurs ſituations différentes. D'après ſes propres obſervations, il conclut que la partie ſupérieure des tuyaux ne contient point un air pareil à celui qui les environne en dehors, ni aucune portion d'eau ou de mercure, & qu'elle eſt entiérement vuide de toutes les matieres que nous connoiſſons & qui tombent ſous nos ſens; que tous les corps ont de la répugnance à ſe ſéparer l'un de l'autre, mais que cette répugnance, ou, ſi l'on aime mieux l'expreſſion ordinaire, l'horreur de la Nature pour le vuide, n'eſt pas plus forte pour un grand vuide que pour un petit; qu'elle a une meſure bornée & équivalente au poids d'une colonne d'eau d'environ trente-deux pieds de hauteur; que, paſſé cette limite, on formera au-deſſus de l'eau un vuide grand ou petit avec la même facilité, pourvu qu'aucun obſtacle étranger ne s'y oppoſe, &c. On trouve ces premieres expériences & ces premieres vues de Paſcal ſur le ſujet en queſtion, dans un petit Livre qu'il publia en 1647, ſous ce titre : *Expériences nouvelles touchant le vuide, &c.*

Cet Ouvrage fut vivement attaqué par pluſieurs Auteurs, entr'autres par le P. Noël, Jéſuite, Recteur du College de Paris. Toute la mauvaiſe Phyſique du tems s'arma pour expliquer des expériences qui la gênoient, & qu'elle ne pouvoit nier. Paſcal détruiſit facilement les objections du P. Noël ; mais quoiqu'il approuvât déja l'explication de Toricelli, dont il eût connoiſſance peu de tems après avoir publié ſon Livre, il voyoit avec peine que toutes les expériences qu'on avoit faites, même les ſiennes, pouvoient encore prêter le flanc à la chicane Scholaſtique, & qu'aucune d'elles ne ruinoit directement le ſyſtême de l'horreur du vuide. Il fit donc de nouveaux efforts, & enfin il conçut l'idée d'une expérience qui devoit décider la queſtion, ſans équivoque, ſans reſtriction, & d'une maniere abſolument irrévocable ; il y fut conduit par ce raiſonnement :

Si la pesanteur de l'air est la cause qui soutient le mercure dans le tube de Toricelli, le mercure doit s'élever plus ou moins, selon que la colonne d'air qui presse la surface de la cuvette est plus ou moins haute, c'est-à-dire plus ou moins pesante : si au contraire, si la pesanteur de l'air ne fait ici aucune fonction, la hauteur de la colonne de mercure doit toujours être la même, quelle que soit la hauteur de la colonne d'air. Pascal étoit persuadé, contre le sentiment des Savans de ce tems-là, qu'on trouveroit des différences dans les hauteurs de la colonne de mercure, en plaçant successivement le tube à des hauteurs inégales par rapport à un même niveau. Mais pour que ces différences fussent sensibles & ne laissassent aucun prétexte d'en nier la réalité, il falloit pouvoir examiner l'état de la colonne dans des endroits élevés, les uns au-dessus des autres, d'une quantité considérable. La Montagne du Puy-de-Domme, voisine de Clermont, & haute d'environ cinq cents toises, en offroit le moyen. Pascal communiqua, le 15 Novembre 1647, le projet de cette expérience à M. Périer, son beau-frere, qui étoit alors à Moulins; & il le chargea en même-tems de la faire, aussitôt qu'il seroit arrivé à Clermont, où il devoit se rendre incessamment. Quelques circonstances la retardérent; mais enfin elle fut exécutée le 19 Septembre 1648, avec toute l'exactitude possible; & les phénomènes que Pascal avoit annoncés eurent lieu de point en point. A mesure qu'on s'élevoit sur le côteau du Puy-de-Domme, le mercure baissoit dans le tube. Du pied au sommet de la Montagne, la différence de niveau fut de trois pouces une ligne & demie. On vérifia encore ces observations, en retournant à l'endroit d'où l'on étoit parti. Lorsque Pascal eut reçu le détail de ces faits intéressans, & qu'il eut remarqué qu'une différence de vingt toises d'élévation dans le terrein produisoit environ deux lignes de différence d'élévation dans la colonne de mercure, il fit la même expérience à Paris, au bas & au haut de la tour de Saint-Jacques-la-Boucherie, qui est élevée d'environ vingt-quatre à vingt-cinq toises; il la fit encore dans une maison particuliere, haute d'environ dix toises: par-tout il trouva des résultats qui se rapportoient exactement à ceux de M. Périer. Alors il ne resta plus aucun prétexte d'attribuer la ſuſpenſion du mercure dans le tube à l'horreur du vuide ; car il auroit été abſurde de dire que la Nature abhorre plus le vuide dans les endroits bas que dans les endroits élevés. Auſſi tous ceux qui cherchoient la vérité de bonnefoi, reconnurent l'effet du poids de l'air, & applaudirent au moyen neuf & déciſif que Paſcal avoit imaginé pour rendre cet effet palpable.

On voit, dans l'hiſtoire de cette recherche, un exemple inſigne du progrès lent & ſucceſſif des connoiſſances humaines. Galilée prouve la peſanteur de l'air : Toricelli conjecture qu'elle produit la ſuſpenſion de l'eau dans les pompes, ou du mercure dans le tube ; & Paſcal convertit la conjecture en démonſtration.

Il n'y a point de triomphe pur. L'expérience du Puy-de-Domme eut dans le monde un éclat qui bleſſa quelques Savans, au lieu d'exciter leur reconnoiſſance. Les Jéſuites de Clermont-Ferrand firent ſoutenir des Thèſes dans leſquelles on accuſoit Paſcal de s'être attribué les travaux des Italiens : calomnie abſurde, qu'il confondit avec tout le mépris qu'elle méritoit. Il ſemble que la Société par ces attaques réitérées, provoquoit la guerre ſanglante qu'il lui fit quelques années après, & dont les ſuites ont été ſi funeſtes pour elle.

Nous fourniſſons à regret un aliment à l'envie & à la malignité, qui ſe plaiſent à voir les grands Hommes s'attaquer & ſe dégrader les uns les autres; mais la fidélité de l'Hiſtoire ne nous permet pas de taire que Deſcartes voulut auſſi ravir à Paſcal la gloire de ſa découverte. Dans une Lettre (1) écrite à M. de Carcavi, en date du 11 Juin 1649, Deſcartes s'exprime ainſi : *Je me promets que vous n'aurez pas déſagréable que je vous prie de m'apprendre le ſuccès d'une expérience qu'on m'a dit que M. Paſcal avoit faite ou fait faire ſur les montagnes d'Auvergne, pour ſavoir ſi le vif-argent monte plus haut dans le tuyau étant au pied de la montagne, & de combien il monte plus haut qu'au-deſſus; j'aurois droit d'attendre cela de lui plutôt que de vous, parce que c'eſt moi qui l'ai aviſé, il y a deux ans, de faire cette expérience, & qui l'ai aſſuré que bien que je ne l'euſſe pas faite, je ne doutois point*

(1) Lettres de Deſcartes (*in*-12, 1725) Tome VI, pag. 179.

du ſuccès. Carcavi étoit étroitement lié d'amitié avec Paſcal, & il eut ſoin de lui communiquer cette réclamation ; mais Paſcal la mépriſa, ou n'y fit aucune réponſe ; car dans un précis hiſtorique des faits relatifs à la queſtion, adreſſé en 1651, à M. de Ribeyre, il s'attribue excluſivement l'expérience du Puy-de-Domme, ſans citer jamais Deſcartes ; il parle ainſi à ſon tour : *Il eſt véritable, Monſieur, & je vous le dis hardiment, que cette expérience eſt de mon invention, & partant je puis dire que la nouvelle connoiſſance qu'elle nous a découverte, eſt entiérement de moi.* On croit remarquer dans tout le cours de ce récit le caractere de l'impartialité & de la candeur. Paſcal y rend juſtice à Toricelli, de la maniere la plus marquée & la plus franche. Pourquoi ne ſe ſeroit-il pas conduit de même envers ſon compatriote, s'il lui avoit eu réellement quelque obligation ? Baillet, dans la vie de Deſcartes, accuſe Paſcal de plagiat & même d'ingratitude envers ſon héros, avec un ton de légéreté & de confiance qui révolte, lorſque l'on conſidere le peu d'intelligence qu'il montre de la matiere, les anachroniſmes & les autres fautes où il est tombé. Le respect seul pour la vérité m'arrache cette réflexion : car je rends d'ailleurs hommage, comme je le dois, au génie éminent de Descartes, & je conviens qu'il a possédé à un très-haut dégré le don de l'invention. Si l'une de ses lettres, qui porte la date de l'année 1631 (1), a été réellement écrite dans ce tems-là, on voit qu'il avoit alors, relativement à la pesanteur de l'air, à peu près les mêmes idées que Toricelli mit dans la suite au jour. Mais par malheur pour le Philosophe François, la plupart de ses idées en Physique n'étoient que des systêmes hasardés sans preuves, & souvent contredits par la Nature. Aussi la postérité ne s'est-elle guere informée des conjectures heureuses ou malheureuses qu'il peut avoir proposées touchant la cause qui éleve la colonne de mercure ou d'eau dans le vuide ; & les expériences que Toricelli a faites le premier sur ce sujet, lui ont acquis une gloire solide, qu'on ne lui enlevera jamais. La vérité n'appartient pas à celui qui ne fait que la toucher en tâtonnant, mais

(1) Lettres de Descartes (même édition) Tom. VI, page 439.

à celui qui la ſaiſit & la démontre. Quant au point particulier qui concerne l'expérience du Puy-de-Domme, pour peu que l'on connoiſſe la marche de l'eſprit humain, on n'héſitera pas un moment à regarder Paſcal comme le véritable inventeur. En effet, ſes premieres expériences lui avoient démontré la fauſſeté de la maxime ordinaire, que la nature ne peut ſouffrir le vuide; il avoit reconnu, de plus, que la nature ſouffre avec la même facilité un grand vuide qu'un petit. Ces obſervations le diſpoſoient à regarder, comme également chimériques, & l'horreur de la nature pour le vuide, & la vertu qu'on prétendoit y attacher. Il trouvoit, au contraire, que le ſyſtême de la peſanteur de l'air expliquoit, ſans aucune difficulté, la ſuſpenſion de l'eau ou du mercure. Une nouvelle expérience qu'il fit, avant celle du Puy-de-Domme, le confirma dans ce ſentiment. Ayant aſſemblé par les deux bouts oppoſés, deux tubes de Toricelli, qui communiquoient enſemble au moyen d'une branche recourbée remplie de mercure, il trouva que l'air venant à entrer dans la branche recourbée, le mercure, ſuſpendu d'abord dans le tube inférieur,

tombe

tombe dans la cuvette, & le mercure contenu dans la branche de jonction, s'éleve dans le tube supérieur qui n'a point de communication avec l'air du dehors. Ces effets étoient presque une démonstration à ses yeux, que ce n'est pas l'horreur du vuide, mais la pesanteur de l'air, qui soutient la colonne de mercure dans le tube de Toricelli; d'un autre côté, il savoit que la surface supérieure d'un fluide étant toujours de niveau, l'athmosphere doit former autour de la terre une couche sphérique, plus ou moins épaisse, à raison des inégalités plus ou moins grandes qui se trouvent à la surface du globe terrestre; enfin, d'après le principe découvert par Galilée, que les poids sont proportionnels aux masses, il voyoit que la pression d'une colonne d'air doit être plus ou moins grande, selon que cette colonne, à base égale, est plus ou moins haute. Toutes ces notions, rapprochées les unes des autres, ne lui indiquoient-elles pas que le mercure dans le tube se tiendroit plus élevé au pied d'une haute montagne qu'au sommet? Ne suffisoient-elles pas, du moins, pour exciter dans son esprit la pensée de faire cette expérience? Descartes se présente avec bien moins d'avantage, Malgré ce qu'il en dit à M. de Carcavi, l'explication des expériences de Toricelli, par la pesanteur de l'air, n'est point une suite de ses principes; elle l'est si peu, que le P. Noël expliquoit les mêmes expériences, par la combinaison de l'horreur du vuide, avec l'action d'une matiere subtile, semblable à celle de Descartes, laquelle pénétroit les pores de verre, & rétablissoit le plein dans la partie supérieure du tube. Il est donc très-vraisemblable que Descartes n'a donné, ou même n'a pu donner à Pascal aucune vue nouvelle sur cette matiere.

Qu'on me permette encore ici une réflexion. S'il s'agissoit de peser, entre deux hommes très-inégaux, les prétentions réciproques à une même découverte importante, la probabilité, dans le silence des preuves réelles, feroit pencher la balance pour le plus habile d'ailleurs. Mais contre un homme tel que Pascal, qui a réellement fait exécuter l'expérience du Puy-de-Domme, Descartes ne doit pas se contenter de dire froidement, un an après : J'en ai donné l'idée; il doit le prouver, & le simple témoignage qu'il rend lui-même dans sa propre cause, ne peut être d'aucun poids.

La maniere dont Pascal traita la question de la pesanteur de l'air, mérite l'attention des Philosophes. On voit qu'il marche à pas mesurés, s'appuyant toujours sur l'expérience, & n'abandonnant jamais les opinions des Anciens, que lorsqu'il y est forcé par l'évidence même, & qu'il est sûr de pouvoir mettre à leur place des vérités incontestables. *Je n'estime pas*, dit-il, *qu'il nous soit permis de nous départir légérement des maximes que nous tenons de l'antiquité, si nous n'y sommes obligés par des preuves indubitables & invincibles; mais en ce cas je tiens que ce seroit une extrême foiblesse d'en faire le moindre scrupule.* On a osé l'accuser de trop de timidité & de lenteur: on voudroit que du premier pas il eût proscrit le systême de l'horreur du vuide. Mais écartons pour un moment le ridicule qu'on a jetté sur l'expression: pesons la chose en elle-même. Où est donc l'absurdité palpable de supposer que lorsqu'un corps vient à être déplacé, il existe dans la nature une puissance, une vertu active qui tend à rétablir le plein? Les phénomenes ne nous forcent-ils pas d'admettre aujourd'hui, entre tous les corps qui composent l'univers, une attraction réciproque, non moins incompréhenſible ? Qui peut affirmer cependant que la cauſe de cette attraction demeurera toujours cachée, & qu'un jour on ne la rapportera pas à quelque méchaniſme juſqu'ici abſolument inconnu? Or, ſi par ſimilitude d'hypotheſe, on admet dans la nature une tendance active au plein, pourquoi refuſeroit-on d'attribuer à cette tendance l'élévation de l'eau dans les pompes, ou celle du mercure dans le tube de Toricelli, lorſque la partie ſupérieure du tuyau eſt vuide d'air groſſier? La réſerve de Paſcal eſt donc celle d'un homme ſage qui ne veut, ni ſe tromper, ni s'expoſer à tromper les autres. Il fait voir par ſes premieres expériences, que la nature n'a pas d'horreur pour le vuide; mais d'après l'expérience du Puy-de-Domme, il prononce affirmativement que la ſuſpenſion de l'eau dans les pompes, ou celle du mercure dans le tube de Toricelli, eſt produite par le poids de l'air. Rien n'eſt plus lié & plus conſéquent. Telle a été quarante ans après la méthode de Newton : c'eſt ainſi que le Philoſophe Anglois a enrichi de nombreuſes découvertes toutes les parties de la Phyſique. Deſcartes a ſuivi une route très-différente.

Nous avons déja remarqué sa passion pour les systêmes. Infidele lui-même aux excellens préceptes qu'il a donnés, dans sa *Méthode*, pour chercher la vérité, il songeoit moins à interroger qu'à deviner la nature. Son ambition étoit de fonder une secte; & pour y parvenir promptement, il détruisoit les opinions reçues, & proposoit les siennes sans examiner, avec trop de scrupule, si elles étoient conformes ou non aux phénomenes. Les erreurs où il est tombé ont égaré plusieurs Savans; mais en le condamnant à cet égard, on est forcé d'avouer que son audace a été très-utile au progrès de la Philosophie: car lorsqu'il parut, toutes les Ecoles, esclaves d'Aristote, étoient plongées dans les ténébres du Péripatétisme; & on ne pouvoit espérer d'y introduire la lumiere, qu'en renversant d'abord les autels que la superstition & l'ignorance avoient élevés depuis deux mille ans au Philosophe Grec. Si Descartes eût été plus modéré, les qualités occultes auroient résisté plus long-tems: & du moins son idée d'expliquer les effets physiques, par la matiere & le mouvement, est très-belle & très-vraie en général. Mais dans un tems où les esprits se porteroient à la recherche de la vérité, par la voie de l'obſervation & de l'expérience, il faudroit ſoigneuſement réprimer ou contenir l'eſprit de ſyſtême, parce qu'il ſubſtitue trop ſouvent les réponſes précipitées d'une imagination ardente à celles de la nature, qu'il devroit attendre.

Les recherches de Paſcal ſur la peſanteur de l'air, le conduiſirent inſenſiblement à l'examen des loix générales auxquelles l'équilibre des liqueurs eſt aſſujetti. Archimede avoit déterminé la perte de poids que font les corps ſolides plongés dans un fluide, & la poſition que ces corps doivent prendre relativement à leur maſſe & à leur figure; Stévin, Mathématicien Flamand, avoit remarqué que la preſſion d'un fluide ſur ſa baſe eſt comme le produit de cette baſe par la hauteur du fluide; enfin on ſavoit que les liqueurs preſſent en tous ſens les parois des vaſes où elles ſont contenues: mais il reſtoit encore à connoître exactement la meſure de cette preſſion, pour en déduire les conditions générales de l'équilibre des liqueurs.

Paſcal établit pour fondement de la théorie dont il s'agit, que ſi l'on fait à un vaſe plein de liqueur & fermé de tous côtés, deux ouvertures différentes, & qu'on y applique deux pistons poussés par des forces proportionnelles à ces ouvertures, la liqueur demeurera en équilibre. Il prouve ce Théorême de deux manieres non moins ingénieuses que convaincantes. Dans la premiere démonstration, il observe que la pression d'un piston se communique à toute la liqueur, de maniere qu'il ne pourroit s'enfoncer, sans que l'autre piston se soulevât. Or, le volume du fluide demeurant le même, on voit que les espaces parcourus par les deux pistons, seroient réciproquement proportionnels à leurs bases, ou aux forces qui les poussent : d'où il résulte, par les loix connues de la Méchanique, que les deux pistons se contrebalancent mutuellement. La seconde démonstration est appuyée sur ce principe évident par lui-même, que jamais un corps ne peut se mouvoir par son poids, sans que son centre de gravité descende. Ce principe posé, l'Auteur fait voir facilement que si les deux pistons, considérés comme un même poids, venoient à se mouvoir, le centre de gravité de leur systême demeureroit néanmoins immobile : d'où il conclut que les pistons n'ont aucun mouvement, & que par conſéquent le fluide eſt auſſi en repos. Les différens cas d'équilibre des liqueurs & les phénomenes qui en dépendent, ne ſont plus que des corollaires du Théorême que je viens d'indiquer : Paſcal entre à ce ſujet dans des détails fort curieux.

L'état permanent de l'athmoſpere s'explique par les mêmes moyens. Paſcal remarque ici de plus, que l'air eſt un fluide compreſſible & élaſtique. Cette vérité, déja connue depuis long-tems, avoit été confirmée, au Puy-de-Domme, par la voie de l'expérience. Un ballon à demi plein d'air, tranſporté du pied au ſommet de cette montagne, s'enfla peu à peu en montant, c'eſt-à-dire, à meſure que le poids de la colonne d'air dont il étoit chargé, diminuoit ; puis ſe déſenfla, ou ſe réduiſit en un moindre volume, ſuivant l'ordre inverſe, en deſcendant, c'eſt-à-dire, à meſure qu'il étoit plus chargé.

On doit rapporter à peu-près au même tems les premieres obſervations qu'on ait faites ſur les changemens de hauteur auxquels la colonne mercurielle eſt ſujette en un même lieu, par les divers changemens de tems. C'eſt de-là que le tube de Toricelli & les autres inſtruments deſtinés au même uſage, ont été appellés *Barometres*. M. Périer obſerva ces variations à Clermont, pendant les années 1649, 1650, & les trois premiers mois de l'année 1651. Il avoit engagé M. Chanut, Ambaſſadeur de France en Suede, à faire de ſemblables expériences à Stockholm. Deſcartes, qui ſe trouvoit dans la même ville ſur la fin de l'année 1649, prit part à ce travail; & c'eſt à cette occaſion qu'il indiqua l'idée d'un Barometre double, contenant du mercure & de l'eau, afin de rendre plus ſenſibles les variations du poids de l'air, en les meſurant par celles de la colonne d'eau. Paſcal ſe hâta d'avancer, d'après quelques obſervations informes, ou d'après une théorie vague & précaire, que l'air devient plus peſant à meſure qu'il eſt plus chargé de vapeurs: mais ſi cette propoſition étoit vraie, Paſcal ſe ſeroit trompé en attribuant la ſuſpenſion du mercure dans le tube de Toricelli, immédiatement à la peſanteur de l'air; car le plus ſouvent le mercure baiſſe dans les tems pluvieux. Quoi qu'il en ſoit, les premieres explications qu'on a données des variations du mercure dans le Barometre méritent d'autant plus d'indulgence, qu'aujourd'hui même la cause de ces variations est encore assez peu connue, & qu'elles sont sujettes à plusieurs irrégularités qui troublent quelquefois les conséquences qu'on veut tirer de l'état du Barometre.

Il paroît que les deux Traités de Pascal sur l'*Equilibre des liqueurs* & sur la *Pesanteur de la masse de l'air*, furent achevés en l'année 1653 ; mais ils n'ont été imprimés pour la premiere fois qu'en 1663, un an après la mort de l'Auteur.

A la théorie des fluides, Pascal fit succéder différens Traités sur la Géométrie. Dans l'un, qui avoit pour titre : *Promotus Apollonius Gallus*, il étendoit la théorie des Sections coniques, & il en découvroit plusieurs propriétés entiérement inconnues aux Anciens ; dans d'autres, intitulés : *Tactiones sphericæ ; Tactiones conicæ ; Loci plani ac solidi ; Perspectivæ methodus, &c.*, il s'étoit pareillement ouvert des routes nouvelles. Il y a apparence que tous ces Ouvrages sont perdus ; du moins je n'ai pu parvenir à me les procurer : je n'en parle que sur une indication générale que l'Auteur en donne lui-même, & sur une Lettre de M. Leibnitz à l'un des fils de M. Périer, en date du 30 Août 1676.

Les héritiers des Manuſcrits de Paſcal ſont très-blâmables de n'avoir pas publié ces recherches Géométriques en même-tems que les Traités ſur l'Équilibre des liqueurs, & la Peſanteur de l'air; car elles auroient alors contribué au progrès de la Géométrie, & nous connoîtrions le point précis où Paſcal les avoit portées. D'ailleurs, les productions d'un homme de génie, en ceſſant même d'être nouvelles par le fond des choſes, peuvent toujours être inſtructives par l'ordre des idées & des raiſonnemens. Mais n'exagerons pas des pertes, ou déja réparées, ou aiſément réparables, quant à l'objet eſſentiel, c'eſt-à-dire quant aux connoiſſances qu'on pourroit eſpérer de puiſer dans ces Ouvrages. Conſidérons que ſi on les retrouvoit aujourd'hui, ils ne nous offriroient tout au plus que des vérités de détail, & non pas des ſecours pour avancer la ſcience. En effet, depuis le tems où ils furent écrits, les Mathématiques ſe ſont enrichies d'une foule de découvertes; les méthodes ſont devenues plus ſimples, plus faciles & plus fécondes. Les grands Géometres de notre tems ne lisent pas Archimede, ni même Newton, pour y apprendre de nouveaux secrets de l'Art. Il y a dans ces recherches un progrès continuel de connoissances, qui, aux anciens Ouvrages, en fait succéder d'autres plus profonds & plus complets. On étudie ces derniers, parce qu'ils représentent l'état actuel de la Science; mais ils auront à leur tour la même destinée que ceux dont ils ont pris la place. Il n'en est pas ainsi dans les Arts qui dépendent de l'imagination. Une Tragédie telle que Zaïre sera lue dans tous les tems avec le même plaisir, tant que la Langue Françoise durera, parce qu'il ne reste rien à découvrir, ni à peindre dans la jalousie d'Orosmane & la tendresse de Zaïre. Le Poëte & l'Orateur ont un autre avantage : leurs noms répétés sans-cesse par la multitude, parviennent très-promptement à la célébrité. Cependant la gloire des inventeurs dans les Sciences semble avoir un éclat plus fixe, plus imposant. Les vérités qu'ils ont découvertes circulent de siecle en siecle, pour l'utilité de tous les hommes, sans être assujetties à la vicissitude des langues. Si leurs Ouvrages cessent de servir immédiatement à l'instruction de la postérité, ils subsistent comme des monumens destinés à marquer, pour ainsi dire, la borne de l'esprit humain, à l'époque où ils ont paru.

Il reste de Pascal plusieurs morceaux qui font connoître son génie pour les Sciences, & qui l'ont placé parmi les plus grands Mathématiciens. Je veux dire son Triangle Arithmétique, ses recherches sur les propriétés des Nombres, son Traité de la Roulette, &c. Nous parlerons de tous ces Ouvrages suivant l'ordre des tems où ils ont été écrits. Commençons par le Triangle Arithmétique, qui se présente le premier.

Si on veut se faire quelque idée de ce fameux Triangle, qu'on se représente deux lignes perpendiculaires entre elles; qu'on les divise en parties égales, & qu'on leur mene des parallèles qui partent de tous les points de division. Il est évident qu'on formera, par cette construction, deux especes de bandes ou rangées, les unes horisontales, les autres verticales; que chaque rangée horisontale ou verticale contiendra plusieurs quarrés ou cellules; que chaque cellule sera commune à une rangée horisontale & à une rangée verticale. Cela posé, Pascal écrit dans la premiere cellule qui est à l'angle droit, un nombre qu'il appelle *générateur*, & d'où dépend le reſte du Triangle. Ce nombre générateur eſt arbitraire ; mais étant une fois fixé, les autres nombres deſtinés à remplir les autres cellules, ſont forcés ; & en général le nombre d'une cellule quelconque eſt égal à celui de la cellule qui la précede dans une rangée horiſontale, plus à celui de la cellule qui la précede dans une rangée verticale. De-là l'Auteur tire pluſieurs conſéquences intéreſſantes : il trouve le rapport des nombres écrits dans deux cellules données ; il ſomme la ſuite des nombres contenus dans une rangée quelconque ; il détermine les combinaiſons dont pluſieurs quantités ſont ſuſceptibles, &c. On voit naître ici, ſans effort & tout naturellement, touchant les nombres, une foule de Théorêmes qu'on démontreroit difficilement par toute autre méthode.

L'invention du Triangle Arithmétique eſt vraiment originale, & notre Auteur n'en partage la gloire avec perſonne. Dans le tems qu'il étoit occupé de ces recherches, Fermat, Conſeiller au Parlement de Toulouſe, & l'un des plus célebres Mathématiciens du ſiecle paſſé, trouva une très-belle propriété des nombres figurés, laquelle n'eſt qu'un corollaire du Triangle Arithmétique : Pascal n'oublia pas de le citer à cette occasion, en lui donnant les plus grands éloges. On voit, par les Lettres qui nous restent de ces deux grands Hommes, avec quel plaisir ils se rendoient réciproquement justice.

Parmi les propriétés du Triangle Arithmétique, il y en a une très-remarquable : celle de donner les coéfficiens des différens termes d'un Binome élevé à une puissance entiere & positive. Newton a généralisé depuis cette idée de Pascal ; & en substituant aux expressions radicales, la notation des exposans, imaginée par Wallis, il a trouvé la formule pour élever un Binome à une puissance quelconque, entiere ou rompue, positive ou négative.

Les mêmes principes donnerent naissance à une nouvelle branche de l'analyse, qui a été très-féconde dans la suite, & c'est encore à Pascal qu'on en doit les Élémens. Cette branche est le calcul des probabilités dans la théorie des Jeux de hasard. Le Chevalier de Meré, grand Joueur, nullement Géometre, avoit proposé sur ce sujet deux problêmes à Pascal. L'un consistoit à trouver en combien de coups on peut espérer d'amener ſonnez avec deux dés ; l'autre, à déterminer le ſort de deux Joueurs après un certain nombre de coups, c'eſt-à-dire à fixer la proportion ſuivant laquelle ils doivent partager l'enjeu, ſuppoſé qu'ils conſentent à ſe ſéparer, ſans achever la partie. Paſcal eut bientôt réſolu ces deux queſtions. Il n'a pas donné l'analyſe de la premiere : on voit ſeulement par l'une de ſes Lettres à Fermat, que ſuivant le réſultat de ſon calcul il y auroit du déſavantage à entreprendre d'amener, en vingt-quatre coups, ſonnez avec deux dés ; ce qui eſt vrai en effet, comme il eſt également vrai qu'il y auroit de l'avantage à tenter la même choſe en vingt-cinq coups. Mais il nous a laiſſé, relativement à la ſeconde queſtion, un écrit pour déterminer en général les *partis* qu'on doit faire entre deux Joueurs qui jouent en pluſieurs parties ; & il a encore traité la même matiere dans ſes Lettres à Fermat. Le Chevalier de Meré qui avoit réſolu, avec le ſecours de la Logique naturelle, quelques cas particuliers & faciles de ces problêmes, incapable d'apprécier les recherches de Paſcal, mais enorgueilli d'y avoir donné occaſion, ſe crut en droit de les rabaiſſer ; & pouſſant

à

à l'excès la risible liberté que la plûpart des gens du monde s'arrogent de tout juger, de tout improuver, sans avoir rien approfondi, il osa écrire à Pascal que *les démonstrations de la Géometrie sont le plus souvent fausses;* qu'elles empêchent *d'entrer dans des connoissances plus hautes qui ne trompent jamais;* qu'elles font perdre dans le monde l'avantage *de remarquer à la mine & à l'air des personnes qu'on voit, quantité de choses qui peuvent beaucoup servir*, &c. Si cette Lettre ridicule a quelque sens, on entrevoit que l'Auteur regarde l'art de saisir les foiblesses des hommes & d'en profiter, comme la suprême Science ; opinion d'une ame avide & dépravée, que personne n'oseroit énoncer ouvertement, mais qui a toujours été la croyance & la régle des intrigans & des ambitieux, parce qu'en effet, dans un Gouvernement corrompu, les richesses & les dignités ne sont, pour l'ordinaire, que des usurpations de l'adresse sur le mérite & sur la sottise.

On sent que le jugement du Chevalier de Meré sur les découvertes de Pascal ne pouvoit exciter que la pitié, & non pas l'indignation. Fermat, Roberval, & les autres grands Géometres du tems, applaudirent à ces mêmes découvertes, & leur suffrage eut consolé l'Auteur, s'il avoit eu besoin de l'être. Il ne se borna pas à traiter la question sur les *partis*, pour deux Joueurs seulement : il étendit ses recherches à un nombre quelconque de Joueurs. Roberval, frappé de la beauté de ces problêmes, essaia, mais en vain, de les résoudre : Fermat y réussit, en faisant usage de la théorie des combinaisons. Pascal qui avoit employé une méthode différente, crut d'abord que celle des combinaisons étoit défectueuse pour le cas où il y auroit plus de deux Joueurs ; mais il revint bientôt de cette legere méprise, & il reconnut que la solution de Fermat, d'ailleurs conforme à la sienne quant au résultat, étoit aussi exacte dans les principes, qu'élégante par la simplicité du calcul.

Toute la théorie du problême des *partis*, est fondée sur deux principes fort simples. Le premier, que si l'un des Joueurs se trouve dans une position telle que dans tous les cas, de gain ou de perte, il lui appartienne une certaine somme sur l'enjeu, il doit prendre cette somme entiere, & n'en faire aucun partage avec l'autre Joueur. Le ſecond, que ſi l'enjeu doit appartenir tout entier à celui des deux Joueurs qui gagnera, enſorte qu'avant la partie, ils y aient l'un & l'autre un droit égal ; ils doivent prendre chacun la moitié de l'enjeu, en cas qu'ils veuillent ſe ſéparer ſans jouer. De ces deux principes combinés enſemble, réſultent toutes les régles qui ſont néceſſaires pour déterminer le ſort de pluſieurs Joueurs, ou pour calculer les probabilités de gain ou de perte, qui leur reſtent, au moment que la partie eſt interrompue. Il ne s'agit point ici d'examiner ſi, relativement à la fortune des Joueurs, ou par d'autres conſidérations, ſoit phyſiques, ſoit morales, ces régles ne doivent pas être modifiées dans la pratique. M. Daniel Bernoulli a diſcuté le premier objet (1) ; & M. d'Alembert a propoſé ſur le ſecond un grand nombre de réflexions, qui méritent toute l'attention des Géometres (2).

Le Traité du Triangle Arithmétique &

(1) Voyez les anciens Mémoires de l'Académie de Pétersbourg, années 1730 & 1731, Tom. V, pag. 175.

(2) Voyez ſes Mélanges de Littérature, Tome V, & ſes Opuſcules Mathématiques, Tom. II & V.

les autres qui y ſont relatifs, furent trouvés tout imprimés, quoique non publiés, parmi les papiers de Paſcal, après ſa mort, arrivée en 1662. Mais ils avoient été compoſés en l'année 1654, comme on le voit par les dates des Lettres de Paſcal & de Fermat.

Quelques Auteurs ont écrit que Huguens avoit donné en même-tems que Paſcal, & d'une maniere encore plus rigoureuſe, la théorie des Jeux de haſard. Mais la vérité eſt que l'Ouvrage de Huguens, *de Ratiociniis in ludo aleæ*, ne parut qu'en 1657, & que ſa méthode n'eſt autre dans le fond que celle de Paſcal, déja répandue parmi les Géometres dès l'année 1654. Voici comment Huguens s'exprime lui-même dans ſa Préface, avec une candeur bien digne d'un ſi grand homme ! « Il faut qu'on ſache que » toutes ces queſtions ont déja été agitées » parmi les plus grands Géometres de la » France, afin qu'on ne m'attribue pas mal-» à-propos la gloire de la premiere inven-» tion (1) ». En effet, celui qui a trouvé le

(1) *Sciendum verò quòd jam pridem inter præſtantiſſimos totâ Galliâ Geometras calculus hic agitatus fuerit, ne quis indebitam mihi primæ inventionis gloriam hâc in re tribuat.*

tautochronisme de la Cycloïde, la théorie des Développées, celle des forces Centrales, &c. n'a pas besoin qu'on lui fasse des présens.

Ce fut encore à peu-près dans ce tems-là que Pascal fit la découverte de deux Machines très-simples & très-usuelles : l'une est cette espece de Chaise roulante, traînée à bras d'homme, que l'on appelle vulgairement *Brouette* ou *Vinaigrette* (1) ; l'autre est cette Charrette à longs brancards, connue sous le nom de *Haquet* (2).

---

(1) La suspension de la brouette est ingénieuse, relativement à son objet. Deux ressorts de fer attachés solidement chacun par l'une de leurs extrêmités au bas de la partie antérieure de la caisse, portent à l'autre extrêmité qui est libre, & qui va en se relevant, deux especes d'étriers ; ces étriers soutiennent deux plateaux qui sont enfilés par l'essieu, & qui ont la liberté de monter ou de descendre le long de deux coulisses verticales ; ce qui empêche ou diminue les secousses que produiroient les inégalités du terrein.

(2) Le haquet sert, comme on sait, à transporter des ballots pesans, des tonneaux pleins de liqueur, &c. Les deux brancards forment bascule & deviennent des plans inclinés, quand on veut faire monter ou descendre les fardeaux : un moulinet placé à l'avant du haquet, reçoit un cable qui soutient le poids ascendant ou descendant. Il y a d'autres especes de haquets : celle-là

Tous ces Ouvrages ruinoient insensiblement la santé de Pascal. La foiblesse de son corps ne pouvoit suffire à l'activité de son esprit. Dès la fin de l'année 1647, il avoit été attaqué, pendant trois mois, d'une paralysie, qui lui ôtoit presque entiérement l'usage de ses jambes. Quelque tems après il vint demeurer à Paris avec son pere & sa sœur Jacqueline. Tant qu'il fut environné de sa famille, il mettoit quelque relâche à ses études; on l'obligeoit à prendre de la dissipation; on lui fit faire quelques voyages en Auvergne & en d'autres provinces. Mais il eut le malheur de perdre son pere en 1651; & sa sœur Jacqueline, occupée depuis long-tems du desir de se consacrer toute entiere à Dieu, embrassa l'état de Religieuse à Port-Royal-des-Champs en 1653. Il étoit d'ailleurs éloigné de M. & Madame Périer, que la charge de M. Périer retenoit à Clermont. Ainsi resté seul de sa famille à Paris, sans avoir personne qui pût le contenir, il se livra à des excès de travail qui l'auroient conduit en peu de tems au tombeau, s'il

---

est la principale; elle contient, comme on voit, une combinaison heureuse du tour & du plan incliné.

ne ſe fût enfin arrêté. La défaillance de la nature, plus puiſſante que les conſeils des Médecins, le força de s'interdire abſolument toute étude, toute contention d'eſprit. Aux méditations du cabinet, il ſubſtitua la promenade, & d'autres ſemblables exercices, modérés & ſalutaires. Il vit le monde; & quoiqu'il y portât quelquefois une humeur un peu mélancolique, il y plaiſoit par une raiſon ſupérieure, toujours accommodée à la portée de ceux qui l'écoutoient. Cette eſpece d'empire s'établit avec plus de lenteur que celui des agrémens; mais il eſt plus reſpecté & plus durable. Paſcal prit à ſon tour du goût pour la ſociété; il ſongea même à s'y attacher par les liens du mariage : eſpérant que les ſoins d'une compagne aimable & ſenſible adouciroient ſes ſouffrances, augmentées encore par l'ennui de la ſolitude; mais un événement imprévu changea tous ſes projets.

Un jour du mois d'Octobre 1654, étant allé ſe promener, ſuivant ſa coutume, au Pont de Neuilli, dans un carroſſe à quatre chevaux, les deux premiers prirent le mors aux dents vis-à-vis un endroit où il n'y avoit point de parapet, & ſe précipiterent dans la Seine. Heureuſement la premiere ſecouſſe de leur poids rompit les traits qui les attachoient au train de derriere, & le carroſſe demeura ſur le bord du précipice; mais on ſe repréſente ſans peine la commotion que dut recevoir la machine frêle & languiſſante de Paſcal. Il eut beaucoup de peine à revenir d'un long évanouiſſement; ſon cerveau fut tellement ébranlé, que dans la ſuite, au milieu de ſes inſomnies & de ſes exténuations, il croyoit voir de tems en tems, à côté de ſon lit, un précipice prêt à l'engloutir. On attribue à la même cauſe une eſpece de viſion ou d'extaſe qu'il eut peu de tems après, & dont il conſerva la mémoire, le reſte de ſa vie, dans un papier qu'il portoit toujours ſur lui entre l'étoffe & la doublure de ſon habit.

Son pere lui avoit inſpiré dès l'enfance l'amour & la croyance intime de la Religion. Ces ſentimens, gravés au fond de ſon cœur, mais un peu aſſoupis par l'étude des Sciences, ſe réveillerent en ce moment, & reprirent toute leur force. Il regarda l'événement dont nous venons de parler, comme un avis que le Ciel lui donnoit de rompre tous les engagemens humains, & de ne vivre à l'avenir que pour Dieu. Sa sœur Jacqueline l'avoit déja préparé, par son exemple & par ses discours, à ce pieux dessein. Il renonça donc entiérement au monde, & ne conserva de liaison qu'avec quelques amis remplis des mêmes principes. La vie réglée qu'il menoit dans sa retraite, apporta quelques adoucissemens à ses maux: elle lui procura même d'assez longs intervalles de santé; & c'est alors qu'il composa plusieurs Ouvrages d'un genre bien opposé aux Mathématiques & à la Physique: nouveaux prodiges de son génie, & de la facilité incroyable avec laquelle il saisissoit tous les objets qu'on lui présentoit.

L'Abbaye de Port-Royal, après un long état de langueur & de relâchement, s'étoit élevée en peu de tems à la plus haute réputation de vertu & de régularité, sous le gouvernement de la mere Angélique Arnaud. Cette fille célébre, soigneuse d'augmenter la gloire de son petit empire, par tous les moyens que pouvoit avouer la Religion, avoit attiré dans une maison particuliere, attenante au Monastere des Champs, plusieurs hommes éminens en savoir & en piété, qui, dégoûtés du monde, venoient chercher au désert le recueillement & la tranqnillité chrétienne : tels étoient ses deux freres, Arnaud d'Andilli & Antoine Arnaud, ses deux neveux, le Maître, & Saci le Traducteur de la Bible, Nicole, Lancelot, Hermant, &c. La principale occupation de ces illustres Solitaires étoit d'instruire la jeunesse : c'est dans leur Ecole que Racine puisa la connoissance des Langues Grecque & Latine, le goût de la saine Antiquité, & les principes de ce style harmonieux & enchanteur qui le caractérise, & qui lui a donné la premiere place sur le Parnasse François. Pascal desira de les connoître, & bientôt il fut admis à leur familiarité la plus intime. Sans prendre parmi eux d'établissement fixe, il leur faisoit, par intervalles, des visites de trois ou quatre mois. Il trouvoit dans leurs entretiens, tout ce qui pouvoit l'intéresser : solidité, éloquence, dévotion sincere & éclairée. De leur côté, ils ne tarderent pas à reconnoître la supériorité de son génie. Rien ne lui paroissoit étranger : la variété de son savoir, & l'esprit d'invention qui dominoit en lui, le mettoient à portée de s'exprimer avec intelligence, & même de répandre des idées neuves sur toutes les matieres que l'on agitoit. Il s'acquit l'admiration & l'amour de tous les Solitaires. Saci en particulier avoit pour lui une estime remarquable dans son genre. Ce Savant laborieux, qui passoit sa vie à étudier l'Ecriture-Sainte & les Ouvrages des Peres, s'étoit pris d'une passion violente pour saint Augustin : il y trouvoit, par réminiscence, tout ce qu'il entendoit dire d'extraordinaire. Dans cette pieuse illusion, aussi-tôt que Pascal laissoit échapper quelques-uns de ces traits sublimes qui lui étoient familiers, Saci se rappelloit d'avoir lu la même chose dans son Auteur favori ; mais il ne faisoit qu'en admirer davantage Pascal, & il ne pouvoit comprendre comment un jeune homme, sans avoir jamais lu les Peres, se rencontroit néanmoins toujours, par la seule pénétration de son esprit, avec le plus célébre Docteur de l'Eglise. On ne se doutoit pas encore que ce jeune homme dut être bientôt le défenseur & le plus ferme appui de Port-Royal. Je demande la permission d'entrer, à ce sujet, dans un certain détail, & de reprendre les choses d'un peu haut. Ce n'est pas comme Théologien que Pascal est le plus grand aux yeux de la postérité ; mais c'est par-là qu'il a eu peut-être le plus de réputation dans ſon tems; & le tableau ſuccinct des opinions qu'il a combattues ou embraſſées, offre un point de vue qui peut fournir la matiere de pluſieurs réflexions philoſophiques.

Tout le monde connoît la fameuſe querelle du Moliniſme & du Janſéniſme, qui a ſi long-tems agité l'Egliſe de France, troublé l'Etat, & fait le malheur d'une foule d'hommes reſpectables dans les deux partis. Il s'agiſſoit d'expliquer l'action de la grace ſur notre volonté, & de concilier la prédeſtination avec le libre arbitre : grands problêmes, qui, ſous des noms divers, ont été, dans tous les tems, le tourment & l'écueil de la curioſité humaine.

Nous avons la conviction intérieure que nous ſommes libres : c'eſt d'après cette conviction que l'homme oſe apprécier ſes actions & celles des autres, qu'il approuve ou qu'il blâme, qu'il jouit du témoignage d'une conſcience pure, ou qu'il eſt déchiré par ſes remords : c'eſt d'après elle, qu'il voit d'un œil bien différent le traître qui l'aſſaſſine & la pierre qui le bleſſe par ſa chûte. Mais comment l'homme eſt-il libre? Comment cette liberté ſe concilie-t-elle avec l'influence des motifs ſur la volonté, avec l'action univerſelle & continue de la cauſe premiere & toute-puiſſante dont chaque choſe tient l'être & la maniere d'être, avec la connoiſſance certaine qu'a la Divinité, non-ſeulement du paſſé & du préſent, mais encore de l'avenir? L'examen de ces queſtions occupa & bientôt diviſa les premiers Philoſophes Grecs. Les uns ſe déclarerent pour la liberté abſolue de l'homme; les autres ne virent en lui qu'un inſtrument paſſif, ſans ceſſe entraîné par la force irréſiſtible d'une puiſſance aveugle, appellée *deſtin*, qui, ſelon eux, gouvernoit l'Univers. Ces deux ſyſtêmes eurent à peu-près un nombre égal de partiſans. Et dès-lors on put obſerver que les défenſeurs du dogme de la fatalité faiſoient profeſſion de la morale la plus rigide dans la ſpéculation & dans la pratique : comme ſi à force de vertus, & en portant l'auſtérité juſqu'à l'excès, ils avoient voulu expier envers la ſociété les conſéquences deſtructives de toute morale qu'on imputoit à leur doctrine métaphyſique!

Les hommes, même en ſoumettant leur raiſon à des dogmes qu'ils reſpectoient, comme enſeignés immédiatement par la

Divinité, n'ont pu renoncer à cette curiosité ardente & indiscrette qui les pousse à raisonner sur tout, & à vouloir tout expliquer. La même diversité d'opinions qui avoit régné entre les Philosophes de l'Antiquité, a partagé les Ecoles des Théologiens, & a formé, dans toutes les Religions, des Sectes rivales. Parmi les Mahométans, les questions de la prédestination & du libre arbitre sont un des principaux points qui divisent les Sectateurs d'Omar & ceux d'Ali. C'étoit chez les Juifs un des objets de dispute entre les Pharisiens & les Sadducéens. Dans le Christianisme, la Foi enseignant d'un côté que l'homme est libre, qu'il a le pouvoir de mériter & de démériter; de l'autre, que la sanctification est un don de Dieu, que les hommes ne peuvent rien sans son secours, que la vocation à la Foi & au salut est absolument gratuite: l'opposition apparente entre ces vérités a redoublé encore l'épaisseur du voile qui couvre cet abyme.

Cependant les premiers Chrétiens, occupés à la pratique des vertus, adoroient en paix des Mysteres qu'ils ne pouvoient pénétrer. Les dissentions ne s'éleverent que lorfque cette ferveur venant à diminuer, l'attention commença à ſe fixer ſur les parties ſpéculatives de la Religion. C'eſt alors que dans l'embarras d'accorder le libre arbitre avec l'action de la grace, on vit les eſprits ſe partager, adopter & exagérer les vérités qui étoient les plus analogues à leur caractere, à leur maniere de voir & de ſentir, & ſur-tout celles qui paroiſſoient ſe prêter le plus aux explications ſyſtématiques qu'ils ſe permettoient d'imaginer. De-là tous ces écarts qui, tantôt d'un côté, tantôt de l'autre, ont altéré la pureté du dogme, & qui, ſe reproduiſant ſous différentes formes dans la ſuite des ſiecles, ont été tour-à-tour frappés des anathêmes de l'Egliſe.

Saint Auguſtin, par le zele & les lumieres qu'il déploya dans ſa diſpute contre Pélage, partiſan outré de la liberté, mérita d'être appellé par excellence le Docteur de la Grace. Avant cette diſpute, il avoit combattu les erreurs des Manichéens, contraires au libre arbitre. Par cette circonſtance-là même, les Théologiens des Écoles oppoſées ont pu puiſer des armes dans ſes Ouvrages ; mais comme la controverſe qu'il ſoutint contre les Pélagiens, fut plus longue & plus animée, le parti dont les opinions s'éloignoient le plus des erreurs pélagiennes, a trouvé plus de facilité à s'appuyer de son autorité, & s'est toujours particuliérement fait gloire de marcher sous sa banniere.

Les ténebres & l'ignorance qui suivirent la condamnation des Pélagiens, & les guerres où les Chrétiens furent occupés, semblerent amortir la curiosité sur ces questions. On en disputa cependant encore dans les Couvens des Moines, & depuis dans les Universités, lorsque les études scholastiques se ranimerent. L'Ecole de Saint Thomas d'Aquin, qui adopta ce que la doctrine de Saint Augustin avoit de plus rigide, parut y ajouter quelque chose de plus rigide encore, en voulant l'expliquer par le systême de la Prémotion physique : systême suivant lequel Dieu lui-même imprimeroit à la volonté le mouvement qui la détermine. Les Franciscains & d'autres Théologiens, s'éleverent fortement contre cette doctrine. On accusoit les Thomistes d'introduire le fatalisme, de rendre Dieu auteur du péché, de le représenter comme un tyran qui, après avoir défendu le crime à l'homme, le néceſſite à devenir coupable, & le punit de l'avoir été. Les Thomiſtes à leur tour reprochoient à leurs Adverſaires de tranſporter à la créature une puiſſance qui n'appartient qu'à Dieu, & de renouveller les erreurs de Pélage, en anéantiſſant le pouvoir de la grace & en faiſant l'homme auteur de ſon ſalut.

Malgré l'aigreur de ces imputations réciproques & l'animoſité qu'elles devoient inſpirer, un concours heureux de circonſtances en modéra les effets. Les deux opinions oppoſées avoient partagé les Univerſités, & chaque parti avoit à ſa tête deux Ordres rivaux : tous deux puiſſans : tous deux recommandables par une égale réputation de ſcience & de piété : tous deux également chers au Siege de Rome, par le zele infatigable avec lequel ils travailloient à étendre ſon autorité. Les Papes avoient un trop grand intérêt à conſerver ces deux appuis de leur puiſſance, pour faire pencher la balance en faveur de l'un ou de l'autre. Le peuple ne prit aucune part à ces diſputes qu'il n'entendoit pas; la Foi n'y étoit point intéreſſée; Rome gardoit le ſilence ; & jamais une queſtion ſur laquelle l'autorité a laiſſé librement ſoutenir le pour & le contre, n'a occaſionné & n'occaſionnera de troubles.

Luther & Calvin parurent : ces deux nouveaux réformateurs, ardents à chercher des contrariétés entre la croyance de l'Egliſe Catholique & la doctrine des premiers ſiecles du Chriſtianiſme, prétendirent embraſſer, mais outre-paſſerent beaucoup, les principes que Saint Auguſtin avoit développés contre les Pélagiens. Il eſt vrai que les Luthériens ne furent pas long-tems ſans revenir à des principes plus doux ; & que même parmi les Calviniſtes, Arminius & ſes Sectateurs abandonnerent tout-à-fait la doctrine de Calvin, pour prendre celle de Pélage. Mais lors de l'établiſſement du Proteſtantiſme, le ſyſtême de la prédeſtination la plus rigide, étoit un des points que les Novateurs prêchoient avec le plus d'enthouſiaſme, & que les Théologiens Catholiques s'attacherent le plus à réfuter.

Les Jéſuites, dont la Société avoit pris naiſſance dans ces tems d'orage & de diſſentions, ſe livrerent à la controverſe avec toute l'activité que pouvoit inſpirer l'ambition d'acquérir la prépondérance dans l'Eglise. Une métaphysique ingénieuse & séduisante leur attira des Éleves & des Sectateurs. Fiers de leurs succès, ils ne se bornerent pas à combattre Luther & Calvin: ils voulurent élever une nouvelle Ecole contre celle de Saint Thomas. Le systême du Jésuite Espagnol Molina, sur l'accord de la Grace & du libre arbitre, balança la prémotion physique. Dans ce systême, Dieu voit d'abord, par une prévision de simple intelligence, toutes les choses possibles; il voit par une autre prévision que Molina appelle la *science moyenne*, ou la science des *futurs conditionnels*, non-seulement ce qui arrivera en conséquence de telle ou telle condition, mais encore ce qui seroit arrivé (& qui n'arrivera pas), si telle ou telle condition avoit eu lieu; tous les hommes sont continuellement munis de graces suffisantes pour opérer leur salut, graces qui deviennent efficaces ou qui demeurent sans effet, selon le libre usage qu'ils en font; lorsque Dieu veut convertir ou sauver un pécheur, il lui accorde les graces auxquelles il prévoit, par la science moyenne, que le pécheur consentira, &

qui le feront persévérer dans le bien. On voit par ce précis que Molina cherchant à sauver la liberté humaine lui donne une étendue trop illimitée, trop indépendante du Créateur. Il n'a même fait que substituer à la premiere difficulté une difficulté semblable, & peut-être plus grande : car suivant ses principes, la prescience d'un événement conditionnel qui ne doit pas arriver, est fondée sur une connexion entre cet événement & la condition dont il dépendoit ; connexion absolument incompréhensible, & cependant nécessaire par elle-même, puisque la condition n'ayant point été & ne devant point être réalisée, il n'a existé, ni n'existera aucun exercice de la liberté, aucune détermination qui puisse en être l'effet. Suarez fit quelques corrections au systême de Molina, & crut pouvoir expliquer, par le concours simultané de Dieu & de l'homme, comment la grace opere infailliblement son effet, sans que l'homme en soit moins libre d'y céder ou d'y résister ; mais cette association de la Divinité aux actes de notre volonté foible & changeante, est encore un mystere non moins impénétrable que tous les autres points de la dispute. Malgré les objections qui démontroient l'incertitude ou même la fausseté de leur doctrine, les Jésuites la produisoient par-tout avec confiance, comme le véritable dénouement des difficultés que les SS. Peres avoient trouvées à concilier la liberté des actions humaines avec la prescience divine. Cette orgueilleuse prétention blessa les anciennes Ecoles. On fut indigné de la supériorité que ces nouveaux Docteurs vouloient s'attribuer pour avoir introduit dans la Théologie quelques subtilités métaphysiques, qui dans le fond n'éclaircissoient rien, & qui même se contredisoient réciproquement. Les combats qu'ils eurent à soutenir en particulier contre les Dominicains s'animerent au point que le Saint Siege crut devoir s'en occuper : les Théologiens des deux Ordres débattirent leurs opinions devant ces assemblées si connues sous le nom de Congrégations *de Auxiliis*. Rome eut encore cette fois la sagesse de ne rien prononcer ; mais l'éclat de ces Thèses solemnelles ne fit qu'augmenter l'acharnement des deux partis.

Pendant que ces funestes divisions troubloient l'Eglise, Corneille Jansen, Evêque d'Ypres, si connu sous le nom de *Jansénius*, homme respecté pour sa science & pour ses mœurs, & fort éloigné de prévoir qu'un jour son nom deviendroit un signal de discorde & de haine, s'occupoit, dans le silence du cabinet, à méditer & à rédiger en corps de système les principes qu'il avoit cru reconnoître dans les Livres du Docteur de la Grace. Il écrivit son Ouvrage en latin, sous le titre d'*Augustinus*, & le soumit au jugement de l'Eglise. A peine venoit-il de l'achever, lorsqu'il mourut (en 1638) de la peste dont il fut atteint en examinant des papiers qui avoient appartenu à quelques-uns de ses diocésains enlevés par ce fléau.

L'*Augustinus* vit le jour, pour la premiere fois, en 1640 : c'étoit un énorme *in-folio*, écrit sans ordre & sans méthode, non moins obscur par le style & par une diffusion accablante, que par le fonds même des matieres. Quelle sensation, quel mal pouvoit-il produire, si on l'eût abandonné à sa destinée naturelle? Il dût tout son malheureux éclat aux hommes célébres qui le mirent en évidence, & à l'animosité implacable de leurs ennemis,

L'Abbé de Saint-Cyran (1), ami de Janſenius, imbu de la même doctrine, abhorrant les Jéſuites & leur ſcience moyenne, vantoit l'*Auguſtinus*, même avant qu'il ne fut achevé, comme le dépôt des ſecrets de la prédeſtination; & il en répandoit les principes dans les Lettres ſpirituelles qu'il écrivoit de tous côtés. Bientôt après, les Solitaires de Port-Royal firent profeſſion publique des mêmes ſentimens. Alors Janſenius devint l'oracle des Ecoles les plus renommées : c'étoit un homme ſuſcité de Dieu, diſoient-elles, pour ſervir d'interpréte à Saint Auguſtin. Les Jéſuites irrités de l'abandon où ils voyoient tomber leur Théologie, & jaloux des Savans de Port-Royal qui les effaçoient dans tous les genres de Littérature, ſe ſouleverent avec emportement contre l'Ouvrage de Janſenius. La matiere prêtoit aux équivoques; en preſſant les paroles de l'Auteur, ils parviennent à former cinq Propoſitions qui préſentoient un ſens évidemment faux & erroné; ils les dénoncent au Saint Siege,

(1) Jean Duverger de Hauranne, né en 1581, mort en 1643.

& sollicitent à grands cris la condamnation de l'*Augustinus*. Innocent X censura, le 31 Mai 1653, les cinq Propositions, sans décider d'ailleurs d'une maniere précise si elles étoient exactement contenues dans le Livre inculpé. Le Clergé de France, dans son assemblée de 1655, demanda un nouveau Jugement au Pape, en lui peignant les Jansénistes comme des sujets rébelles & hérétiques. Alexandre VII rendit, le 16 Octobre 1656, une Bulle qui condamnoit encore les cinq Propositions, mais avec la clause expresse qu'elles étoient fidélement extraites de Jansenius, & hérétiques dans le sens qu'il leur attribuoit. Cette Bulle servit de base à un Formulaire que le Clergé dressa en 1657, & dont la Cour entreprit d'exiger rigoureusement la signature, quatre ans après. Alexandre VII donna en 1665, une seconde Bulle, avec un Formulaire, sur le même sujet.

Il est vraisemblable que les Jésuites auroient succombé dans leur poursuite contre les Disciples de Jansenius, si des hommes tout-puissants dans l'Europe, n'eussent eu intérêt de se joindre à eux. Le Cardinal de Richelieu, qui haïssoit personnellement l'Abbé de Saint-Cyran, avoit d'abord tenté de faire condamner ſes Écrits par le Saint Siege ; mais il mit peu de ſuite & peu de chaleur dans cette négociation : il n'étoit pas homme à eſſuyer les lenteurs ordinaires à la Cour de Rome, pour un objet auſſi frivole à ſes yeux que la cenſure de quatre ou cinq Propoſitions ſyſtêmatiques, haſardées par un Théologien ſans appui ; il trouva plus ſimple & plus commode de faire enfermer l'Abbé de Saint-Cyran à la Baſtille.

Mazarin, moins emporté, plus adroit dans l'art de cacher & d'aſſurer les effets de la haine, porta en ſecret de plus rudes coups aux Janſeniſtes. Il étoit indifférent au fonds ſur toutes les matieres Théologiques ; il aimoit peu les Jéſuites ; mais il ſavoit que les Solitaires de Port-Royal conſervoient des liaiſons avec le Cardinal de Retz, ſon ennemi, qui l'avoit fait trembler. Sans approfondir la nature de ces liaiſons, formées anciennement, & très-innocentes en elles-mêmes, il les jugea criminelles ; & pour s'en venger, il excita ſourdement le Clergé à demander la Bulle de 1656. Ainſi, une queſtion qui ne devoit jamais être remuée, ou qui auroit dû naître & mourir dans l'obſcurité des Écoles, acquit de l'importance & troubla l'État pendant plus de cent ans, parce que les Défenſeurs d'un Livre inintelligible & deſtiné à l'oubli, étoient les amis d'un Archevêque de Paris, qui avoit voulu faire chaſſer le premier Miniſtre du Roi de France! Mazarin ne prévit pas ſans-doute les funeſtes ſuites de ſa foibleſſe à mêler l'autorité dans une guerre Théologique dont il auroit fallu ignorer l'exiſtence; mais ſon exemple doit être une grande leçon pour les Souverains & les Miniſtres qui pourroient ſe trouver dans des circonſtances ſemblables.

Les Solitaires de Port-Royal, & pluſieurs autres Théologiens, ſans défendre le ſens littéral des cinq Propoſitions condamnées, prétendirent qu'elles n'étoient point contenues dans l'*Auguſtinus*, ou que ſi elles s'y trouvoient, c'étoit dans un ſens catholique. On leur répondit par des aſſertions contraires. La querelle devint alors plus vive qu'elle n'avoit jamais été : on écrivit de part & d'autre une multitude d'Ouvrages où les paſſions humaines étouffant la charité ſi fort recommandée aux Chrétiens, fournirent, aux ennemis de la Religion, un triſte ſujet de triomphe.

De tous ceux qui combattirent pour Jansénius, aucun ne montra tant de zèle & de véhémence que le Docteur Arnaud. Il avoit l'ame élevée & les mœurs austeres. Lorsqu'il s'engagea dans le Sacerdoce, il donna presque tout son bien à la Maison de Port-Royal: disant qu'un Ministre de Jésus-Christ doit être pauvre. Son attachement à ce qu'il croyoit la vérité, étoit inflexible comme elle. Il détestoit la morale corrompue des Jésuites, & il étoit encore plus haï d'eux, tant parce que ses sentiments leur étoient bien connus, que parce qu'il étoit né d'un pere qui avoit plaidé avec chaleur, au nom de l'Université, pour qu'on leur interdît l'enseignement de la jeunesse, & qu'on les chassât même du Royaume. On jugera par le trait suivant, de l'intérêt qu'il mettoit à l'affaire du Jansénisme: un jour Nicole, son ami & son compagnon d'armes pour la même cause, mais né d'ailleurs avec un caractere doux & accommodant, lui représentoit qu'il étoit las de cette guerre, & qu'il vouloit se reposer: *Vous reposer*, répond Arnaud: *eh! n'aurez-vous pas pour vous reposer l'éternité toute entiere?*

Dans ces dispositions, Arnaud publia, en

1655, une Lettre où il disoit qu'il n'avoit pas trouvé dans Jansénius les Propositions condamnées ; & discutant en général la question de la Grace, il ajouta *que Saint Pierre offroit dans sa chute l'exemple d'un Juste à qui la Grace, sans laquelle on ne peut rien, avoit manqué.* La premiere de ces deux assertions parut injurieuse au Saint Siege ; la seconde fut regardée comme suspecte d'hérésie : elles exciterent l'une & l'autre une grande rumeur dans la Sorbonne, dont Arnaud étoit membre. Les ennemis de ce Docteur mirent tout en usage pour lui attirer une censure humiliante. Ses amis lui représenterent la nécessité de se défendre. Il étoit né avec une grande éloquence, mais il n'en régloit pas assez les mouvemens : son style négligé & dogmatique nuisoit quelquefois à la solidité de ses Écrits ; car dans les matieres qu'on ne peut soumettre à la démonstration géométrique, le charme de l'expression est l'un des principaux moyens pour persuader. Il composa une longue Apologie de ses sentimens & de sa doctrine ; mais, en rendant justice au fonds, on trouva que cet Écrit étoit pesant, monotone & peu propre à mettre le

Public dans ſes intérêts. Il en convint lui-même de ſang-froid, & il fut le premier à indiquer Paſcal comme le ſeul homme capable de traiter le ſujet, d'une maniere ſolide & piquante. Paſcal conſentit volontiers à prêter le ſecours de ſa plume pour une cauſe qui intéreſſoit des Savans vertueux, infiniment chers à ſon cœur.

Le 23 Janvier 1656, il publia, ſous le nom de *Louis de Montalte*, ſa premiere Lettre *à un Provincial* (1), dans laquelle il ſe moque des aſſemblées qui ſe tenoient alors en Sorbonne pour l'affaire d'Arnaud, avec une fineſſe, une légéreté, dont il n'y avoit pas encore de modele. Cette Lettre eut un ſuccès prodigieux; elle entraîna tout le Public indifférent : mais la cabale qui vouloit opprimer Arnaud, avoit ſi bien pris ſes meſures; on fit venir aux aſſemblées tant de Moines & de Docteurs Mendians, dévoués à l'autorité, que non-ſeulement les deux

(1) Les Lettres qu'on appelle (par une expreſſion fort impropre, mais que l'uſage a conſacrée) *Lettres Provinciales*, parurent d'abord ſous ce titre : *Lettres écrites par Louis de Montalte à un Provincial de ſes amis, & aux RR. PP. Jéſuites, ſur la morale & la politique de ces Peres.*

propoſitions de ce Docteur furent condamnées, à la pluralité des voix, mais que lui-même fut exclus pour toujours de la Faculté de Théologie, par un Décret du 31 Janvier 1656.

Le triomphe de ſes ennemis fût un peu troublé par la ſeconde, la troiſieme & la quatrieme Lettres *au Provincial*, qui ſuivirent de près le jugement de la Sorbonne. Elles jetterent un ridicule ineffaçable ſur pluſieurs Théologiens ſéculiers, & ſur les Dominicains, qui, pour ménager leur crédit & pour ſatisfaire de petites haines, ſembloient avoir abandonné, en cette occaſion, la doctrine de S. Thomas. Mais les Jéſuites, en particulier, qui avoient le plus contribué à faire condamner Arnaud, expierent chérement la joie que ce ſuccès leur avoit cauſée : ils furent immolés à la riſée & à l'indignation publique dans les Lettres ſuivantes. C'eſt dans leurs Ecrits de Théologie morale que Paſcal alla chercher les traits qui devoient les rendre à jamais odieux & ridicules, & préparer de loin leur deſtruction.

On ſait que toute la Religion Chrétienne roule ſur deux pivots : la croyance du dogme & la pratique des vertus. L'Egliſe a toujours regardé comme ſes ennemis ceux qui ont oſé attaquer ou même interprêter le dogme. Elle a porté la même vigilance & la même ſévérité dans l'obſervation des principes généraux de la Morale : mais dans les applications particulieres de ces principes, il peut y avoir des modifications qu'elle a permis de ſoumettre à l'examen. En effet, s'il exiſte des actions humaines, viſiblement criminelles, il en eſt d'autres qui paroiſſent indifférentes, & qui tirent leur vrai caractere de l'intention ou des circonſtances. Il a donc fallu que la Morale eût ſes interprêtes, chargés de poſer la limite entre le crime & la vertu, d'effrayer le coupable audacieux, & de raſſurer quelquefois l'ame timide & ingénue qui s'exagere à elle-même ſes foibleſſes.

Les Théologiens, obligés par état d'expliquer la Religion au peuple, ne pouvoient laiſſer échapper cette occaſion de ſignaler leur ſcience & leur zele. Toutes les Ecoles, tous les Ordres Religieux produiſirent des Docteurs qui, ſous le nom de *Caſuiſtes*, jugeoient les conſciences & mettoient, pour ainſi dire, un tarif aux actions humaines. Ils furent utiles, tant qu'ils prirent eux-mêmes pour guide la Morale ſimple & conſolante de l'Evangile : ils finirent par ſemer le déſordre dans la ſociété chrétienne, en voulant ſubordonner cette Morale à leurs opinions ſyſtématiques, ou à des intérêts humains. On ſe rappelle les queſtions impertinentes ſur les Univerſaux, ſur les Cathégories, &c. que l'on a agitées, pendant des ſiecles d'ignorance, dans l'oiſiveté & l'ennui des Cloîtres. Le même eſprit s'introduiſit dans la Théologie Morale. On vit des Auteurs graves épuiſer leur ſubtilité à tourner une action ſur toutes les faces ; à faire que vicieuſe par le côté matériel, elle parût innocente par l'intention, ou dans un certain point de vue métaphyſique ; à mettre l'homme qui venoit les conſulter, toujours dans l'incertitude s'il étoit digne de haine ou d'amour ; & à ſe rendre enſuite, par la voie de la Confeſſion, les arbitres ſouverains des conſciences. Une foule de queſtions extravagantes ou ſcandaleuſes furent propoſées & ſouvent décidées contre les plus ſimples lumieres du ſens commun. Rien n'auroit été ſans doute plus nuiſible aux mœurs que de pareilles déciſions, ſi l'excès du ridicule n'avoit écarté le danger.

La

La Société des Jésuites ne s'étoit pas moins adonnée à la Théologie Morale, qu'à la Controverse. Je ne finirois point, si je voulois seulement rapporter ici les noms de leurs Casuistes. On prétend qu'ils ont inventé ou perfectionné les fameux systêmes du *probabilisme*, des *restrictions mentales*, de la *direction d'intention*, *&c.* Tous ceux qui ont lu ces Auteurs, disent qu'on y trouve de l'esprit, une dialectique subtile, & quelquefois même une sorte de sagacité à proposer & à résoudre des cas de conscience qui surprennent par leur singularité. Par exemple, on cite le Traité *de Matrimonio*, par le Jésuite Espagnol Sanchez, comme un Ouvrage achevé dans son genre : on assure que l'Auteur a examiné, sur cette matiere délicate, toutes les questions que la Nature, excitée par la chaleur du climat, pouvoit offrir à l'imagination errante d'un solitaire.

Les décisions burlesques ou scandaleuses des Moralistes de la *Société* offroient à Pascal une ample moisson de plaisanteries & de sarcasmes. Mais il falloit un génie tel que le sien pour employer ces matériaux, & pour en former un Ouvrage qui pût intéresser, non pas ſeulement les Théologiens, mais le Public de tous les états. On a tant parlé de ces fameuſes *Lettres Provinciales*, que nous pouvons preſque nous diſpenſer d'en parler ici. Tout le monde ſait & répete que cet Ouvrage n'avoit aucun modele chez les Anciens, ni chez les Modernes, & que l'Auteur a deviné & fixé la Langue Françoiſe. M. de Voltaire dit en propres termes, que les meilleures Comédies de Moliere n'ont pas plus de ſel que les premieres Lettres Provinciales, & que Boſſuet n'a rien de plus ſublime que les dernieres. A ces éloges conſacrés par la voix publique, j'ajouterai une obſervation. L'un des plus grands mérites des Lettres Provinciales eſt, ce me ſemble, l'art admirable avec lequel Paſcal a ſu ménager les tranſitions dans le ſujet qui préſentoit peut-être à cet égard, le plus de difficulté, par l'incohérence de ſes parties. Il paſſe d'un objet à un autre tout différent, ſans qu'on s'en apperçoive jamais. La deſtruction des Jéſuites pourra diminuer un peu l'empreſſement de certains lecteurs pour cet Ouvrage; mais il ſubſiſtera toujours parmi les Gens de Lettres & de goût, comme un chef-d'œuvre de ſtyle, de bonne plaiſanterie & d'éloquence.

Il ſemble qu'on ne pouvoit rien répondre à ce Livre foudroyant : les Jéſuites montrerent un courage qu'on n'attendoit pas ; ils défendirent hardiment leurs Caſuiſtes. On a écrit qu'ils auroient dû les abandonner, & rire eux-mêmes les premiers, des plaiſanteries de Paſcal, puiſqu'après tout, les opinions relâchées qu'on leur reprochoit, ne leur appartenoient pas excluſivement, & qu'on les auroit auſſi trouvées dans la plupart des autres Théologiens. Mais la *Société*, accoutumée à ſe conduire par les principes d'une fierté inflexible & d'une politique conſéquente, ne put ſe réſoudre à condamner des Auteurs qu'elle-même avoit autoriſés, & qui travailloient à l'agrandiſſement de ſa domination ; car dans cet Ordre ſingulier, tous les Membres étoient conduits par une même impulſion qui dirigeoit les talens & les occupations de chacun d'eux vers une fin unique : la gloire de l'Inſtitut. Jamais les Jéſuites n'eurent l'intention de corrompre les mœurs ; mais ils vouloient gouverner les conſciences des Rois & des Grands. Pour y parvenir, ils s'étoient fait une eſpece de Théologie, moitié chrétienne, moitié mondaine ; mélange adroit de rigoriſme & de condeſcendance aux foibleſſes des hommes : ſans détruire le péché, elle facilitoit le moyen de l'éviter, ou au moins d'en mériter le pardon. Ce ſyſtême combiné avec art, qui a eu pendant cent cinquante ans le plus grand ſuccès dans toute l'Europe, maintiendroit peut-être encore les Jéſuites dans leur premier éclat, s'ils ſe fuſſent toujours conduits avec la ſageſſe & la réſerve de leurs Fondateurs.

Malheureuſement pour eux, dans le tems que les Lettres Provinciales parurent, ils n'avoient aucun bon Ecrivain. Les réponſes qu'ils oppoſerent à cet Ouvrage, étoient auſſi dépourvues de ſtyle, que répréhenſibles du côté des choſes. Elles ne pouvoient donc avoir, & n'eurent en effet, aucun ſuccès, tandis qu'au contraire toute la France dévoroit les Lettres Provinciales, & que les Janſéniſtes, pour les répandre encore davantage, s'empreſſoient de les traduire en pluſieurs Langues. Bientôt une clameur univerſelle s'éleva contre les Jéſuites. On ne voulut point ſe prêter aux raiſons qu'ils avoient eues d'adoucir la Morale : ils en furent regardés comme les corrupteurs. Parmi les différens Ouvrages qu'ils firent paroître pour la défenſe de leurs Caſuiſtes, il y en eut un qui révolta généralement le Public: il étoit intitulé: *Apologie des nouveaux Caſuiſtes contre les calomnies des Janſéniſtes.* Les Curés de Paris, & peu de tems après, ceux de pluſieurs autres villes conſidérables, attaquerent ce Livre pernicieux, par des Ecrits ſolides, véhémens, & d'une éloquence ſemblable à celle de Démoſthene. Ces Ecrits étoient compoſés par Arnaud, Nicole & Paſcal: les deux premiers fourniſſoient les matériaux, & Paſcal tenoit la plume. Ils produiſirent dans le monde une ſenſation très-déſagréable pour les Jéſuites; & malgré tout le crédit que ces Peres avoient dans le Clergé, pluſieurs Evêques, d'une grande ſcience & d'une haute vertu, publierent des Mandemens exprès contre l'Apologie des Caſuiſtes.

Après tant d'humiliations & tant de revers dans les combats de plume, le ſeul parti raiſonnable que les Jéſuites euſſent à prendre étoit de dévorer dans le fond du cœur, des chagrins paſſagers, & de n'oppoſer à leurs adverſaires, d'autres armes qu'un profond ſilence. On eût regardé cette conduite prudente & dictée par l'intérêt, comme l'effet de la modération. Il eſt vrai qu'en ce moment les diſpoſitions du peuple ne leur étoient pas favorables : on ſe ſouvenoit encore confuſément des troubles qu'ils avoient excités autrefois dans le Royaume, au tems de la ligue ; la morale de leurs Caſuiſtes ſcandaliſoit & éloignoit d'eux les ames timorées. Mais la nation Françoiſe oublie tout avec le tems. Bientôt elle n'eût conſidéré dans les Jéſuites, ou que des victimes de l'oppreſſion, dignes de ſa pitié & de ſon appui, ou que des hommes ſupérieurs à l'injure, dignes de ſon eſtime. Les Janſéniſtes auroient perdu inſenſiblement les avantages de leurs victoires paſſées ; & jamais ils n'euſſent obtenu, au milieu d'une vie tranquille, l'exiſtence & la célébrité que la perſécution leur donna dans la ſuite. L'orgueil & la haine en ordonnerent autrement. Aveuglée par ces deux ſentimens, & par ſon crédit à la Cour, la *Société* ſaiſit les moyens les plus prompts & les plus violens de nuire à ſes ennemis. Les Janſéniſtes ne furent pas le ſeul objet de ſa vengeance. Tous les particuliers, tous les corps mêmes qui ne lui étoient pas entiérement dévoués, furent expoſés à des vexations qu'elle leur ſuſcitoit. Elle abuſa, ſans honte & ſans meſure, pendant un ſiecle entier, d'un pouvoir uſurpé & précaire, mobile comme l'opinion qui l'avoit fait naître; mais enfin elle en a trouvé le terme & la punition dans ces derniers tems. La plupart des Princes chrétiens, & le Pape lui-même, fatigués de ſes intrigues, & de ſervir d'inſtrumens à ſon intolérance, ont été forcés de la proſcrire dans tous les pays de leur domination. Quelquefois la ſimple réforme a ſuffi pour ramener à leurs principes & à leur premiere ferveur, des Monaſteres corrompus par l'oiſiveté & la molleſſe. Mais, quand un Ordre nombreux, ſous les étendards de la Religion, n'eſt réellement qu'un Corps politique, livré par ſyſtême à une ambition toute mondaine, quand il cabale dans les Cours, trouble les Gouvernemens, ſe rend même redoutable aux Souverains : la réforme n'offriroit qu'un remede inutile; elle laiſſeroit ſubſiſter la racine du mal, & on ne peut l'extirper que par la deſtruction de l'Inſtitut.

La guerre que Paſcal fit aux Jéſuites, dura environ trois ans. Elle l'empêcha de travailler, auſſi-tôt qu'il l'auroit déſiré, à un grand Ouvrage qu'il méditoit depuis plusieurs années, pour prouver la vérité de la Religion. En différens tems, il avoit jetté sur le papier quelques pensées qui devoient entrer dans son plan : il songeoit tout de bon, en 1658, à exécuter cet Ouvrage: mais ses infirmités augmenterent dès-lors au point qu'il n'a jamais pu l'achever, & qu'il ne nous en reste que des fragmens.

L'accroissement de ses maux commença par un horrible mal de dents, qui lui ôtoit presque entiérement le sommeil. Durant l'une de ses longues veilles, le souvenir de quelques problêmes touchant la *Roulette*, vint travailler son génie mathématique. Il avoit renoncé depuis long-tems aux Sciences purement humaines; mais la beauté de ces Problêmes, & la nécessité de faire quelque diversion à ses douleurs, par une forte application, le plongerent insensiblement dans une recherche qu'il poussa si loin, qu'aujourd'hui même les découvertes qu'il y fit, sont comptées parmi les plus grands efforts de l'esprit humain.

La courbe, nommée vulgairement *Roulette* ou *Cycloïde*, est très-connue des Géometres. Elle se décrit en l'air par le mouvement d'un clou attaché à la circonférence d'une roue de voiture. On ne ſait pas au juſte, & cette connoiſſance ſeroit d'ailleurs fort indifférente en elle-même, quel eſt celui qui a remarqué d'abord la génération de cette courbe dans la nature ; mais il eſt certain que les François ſont les premiers qui aient commencé à découvrir ſes propriétés. En 1637, Roberval démontra que l'aire de la Roulette ordinaire eſt triple de celle de ſon cercle générateur. Il détermina auſſi, peu de tems après, le ſolide que la Roulette décrit en tournant autour de ſa baſe; & même, ce qui étoit beaucoup plus difficile pour la Géométrie de ce tems-là, le ſolide que la même courbe décrit en tournant autour de ſon axe. Toricelli publia la plupart de ces Problêmes, comme de ſon invention, dans un Livre imprimé en 1644; mais on prétendit en France que Toricelli avoit trouvé les ſolutions de Roberval parmi les papiers de Galilée, à qui Beaugrand les avoit envoyées quelques années auparavant; & Paſcal, dans ſon *Hiſtoire de la Roulette*, traita, ſans détour, Toricelli de plagiaire. J'ai lu, avec beaucoup de ſoin, les pieces du procès; & j'avoue que l'accuſation de Paſcal me paroît un peu hasardée. Il y a apparence que Toricelli avoit réellement découvert les Propositions qu'il s'attribuoit : ignorant que Roberval l'eût précédé de plusieurs années. Descartes, Fermat & Roberval résolurent un Problême d'un autre genre, au sujet de la même courbe : ils donnerent des méthodes pour en mener les *tangentes*.

Roberval & Toricelli avoient déterminé la mesure de la Cycloïde & de ses solides, par des moyens très-ingénieux, mais sujets à l'inconvénient d'être trop bornés, & de ne pouvoir s'étendre au-delà des cas qu'ils avoient considérés. Il falloit traiter les mêmes questions d'une maniere générale & uniforme : il falloit aller plus loin & s'en proposer d'autres ; il restoit à trouver la longueur & le centre de gravité de la Roulette, les centres de gravité des solides, demi-solides, quart de solides, &c., de la même courbe, tant autour de la base qu'autour de l'axe, &c. Ces recherches demandoient une nouvelle Géométrie, ou du moins un usage tout nouveau des principes déja connus. Pascal trouva en moins de huit jours, au milieu des plus cruelles souffrances, une méthode qui embrassoit tous les Problêmes que je viens d'indiquer : méthode fondée ſur la *ſommation* de certaines ſuites, dont il avoit donné les élémens dans quelques Écrits qui accompagnent le Traité du Triangle Arithmétique. De-là aux calculs différentiel & intégral, il n'y avoit plus qu'un pas ; & on a lieu de préſumer fortement que ſi Paſcal eût pu donner encore quelque tems à la Géométrie, il auroit enlevé à Leibnitz & à Newton la gloire d'inventer ces calculs.

Ayant parlé de ſa méditation géométrique à quelques amis, & en particulier au Duc de Roannez, celui-ci conçut le projet de la faire ſervir au triomphe de la Religion. L'exemple de Paſcal étoit une preuve inconteſtable qu'on pouvoit être un Géometre du premier ordre & un Chrétien ſoumis. Mais pour donner à cette preuve tout ſon éclat, les amis de Paſcal arrêterent qu'on propoſeroit publiquement les mêmes queſtions, en y attachant des Prix : car, diſoient-ils, ſi d'autres Géometres réſolvent ces Problêmes, ils en ſentiront au moins la difficulté ; la Science y gagnera, & le mérite d'en avoir accéléré le progrès, appartiendra toujours au premier inventeur : ſi au contraire ils ne peuvent y atteindre, les incrédules n'auront plus aucun prétexte d'être plus difficiles, par rapport aux preuves de la Religion, que l'homme le plus profond dans une Science toute fondée en démonstrations.

En conséquence, on publia, au mois de Juin 1658, un Programme, dans lequel on proposoit de trouver la mesure & le centre de gravité d'un segment quelconque de Cycloïde ; les dimensions & les centres de gravité des solides, demi-solides, quart de solides, &c., qu'un pareil segment produit en tournant autour de l'abscisse ou de l'ordonnée. Et comme les calculs pour la solution complette & développée de tous ces Problêmes pouvoient demander beaucoup de tems & de travail, il falloit du moins qu'au défaut d'une telle solution, les concurrens envoyassent quelques applications de leurs méthodes à des cas particuliers & remarquables, comme, par exemple, quand l'abscisse est égale au rayon ou au diametre du cercle générateur. On promit deux Prix, l'un de quarante pistoles pour celui qui résoudroit le premier ces Problêmes, l'autre de vingt pistoles, pour le second : on choisit, pour examiner les pieces du concours, les plus fameux Géometres résidans à Paris : les pieces, souscrites par un Notaire, devoient être remises, avant le premier Octobre suivant, à M. de Carcavi, l'un des Juges & le dépositaire de l'argent des Prix. Pascal se tint caché, dans toute cette affaire, sous le nom de A. Dettonville (1).

Le Programme en question attira de nouveau les regards des Géometres sur la Cycloïde, que l'on commençoit un peu à oublier. Huguens quarra le segment compris depuis le sommet jusqu'à l'ordonnée qui répond au quart du diametre du cercle générateur : Sluze, Chanoine de la Cathédrale de Liege, mesura l'aire de la courbe, par une méthode nouvelle & très-ingénieuse : Wren, Géometre Anglois & grand Architecte, puisqu'il a bâti l'Église de Saint-Paul de Londres (2), fit voir qu'un arc

(1) C'est-à-dire, *Amos Dettonville* : anagramme de *Louis de Montalte*, qui est le nom sous lequel Pascal avoit publié les Lettres Provinciales.

(2) Il est enterré dans cette Eglise, & voici son épitaphe :

Hic jacet CHRISTOPHORUS WREN,
Hujus Ecclesiæ Conditor & Artifex.
Viator,
Si monumentum requiris,
Circumspice.

quelconque de Cycloïde, compté depuis le ſommet, eſt double de la corde correſpondante du cercle générateur ; il détermina de plus le centre de gravité de l'arc cycloïdal, & les ſurfaces des ſolides de révolution que cet arc produit : Fermat & Roberval, ſur le ſimple énoncé des Théorêmes de Wren, en donnerent auſſitôt la démonſtration, chacun de leur côté. Mais toutes ces recherches, quoique très-belles en elles-mêmes, ne répondoient pas, au moins entiérement, aux queſtions du Programme. Auſſi leurs Auteurs, en les envoyant, n'avoient pas le deſſein de les ſoumettre au concours. Il n'y eut que deux Géometres qui ayant traité ſans exception tous les Problêmes propoſés, crurent avoir droit de prétendre aux Prix. Le premier fut le Pere Lallouere (1), Jéſuite Toulouſain, qui avoit de la réputation dans les Mathématiques, ſur-tout parmi ſes Confreres ; le ſecond fut Wallis, dont nous avons déja parlé, juſtement célebre par ſon *Arithmétique des infinis*, publiée en 1655. Ils eurent l'un &

(1) C'eſt le nom de ce Jéſuite, & non pas *Laloubere*, comme quelques Auteurs l'ont écrit.

l'autre une dispute fort vive à ce sujet avec Dettonville : on a écrit, & on répete encore, qu'il avoit fait injustice à tous les deux ; ce reproche, auquel les Jésuites ont cherché à donner de la consistance, seroit une tache à la mémoire de Pascal, s'il avoit quelque fondement solide : le Lecteur en jugera ; je commence par Lallouere.

Nous lisons dans le jugement des Commissaires pour les Prix, & le P. Lallouere le raconte également dans son Traité *de Cycloïde*, que vers les derniers jours du mois de Septembre 1658, il écrivit à M. de Carcavi qu'il avoit résolu tous les Problêmes de Dettonville, & qu'il envoyoit pour échantillon le calcul de l'un des cas proposés. Malheureusement ce calcul, qui n'étoit accompagné d'aucune méthode, se trouva faux. Lallouere reconnut lui-même cette erreur, qui sautoit aux yeux, mais sans la corriger, dans plusieurs Lettres écrites à la fin de Septembre & au commencement d'Octobre. Il est clair par-là qu'il ne lui restoit plus de droit légitime aux Prix, puisqu'à l'expiration du terme fixé par le Programme, il n'avoit produit, ni méthode qui par sa bonté pût faire pardonner un calcul défectueux, ni calcul qui par sa justesse pût être censé dériver d'une bonne méthode. Il fut forcé d'en convenir. On l'avertit de plus en particulier, & même publiquement dans l'*Histoire de la Roulette*, qui parut le 10 Octobre 1658, que les cas dont il faisoit mention, étoient déja résolus par Roberval. Dettonville terminoit cette même Histoire, en proposant de nouveaux Problêmes qui n'étoient plus l'objet d'aucun Prix, mais qui tendoient à compléter la théorie de la Roulette : il demandoit le centre de gravité d'un arc quelconque de Cycloïde ; les dimensions & les centres de gravité de la surface, demi-surface, quart de surface, &c. que cet arc décrit en tournant autour de l'axe ou de la base : si au premier Janvier 1659, personne n'avoit résolu ces Problêmes, il s'engageoit à publier alors ses propres solutions.

En avouant modestement sa méprise, Lalouere pouvoit, au défaut d'un Prix, s'attirer de la gloire par son travail : car un tel aveu lui donnoit le droit de perfectionner à loisir ses recherches ; & le Traité que nous avons cité de lui, fait juger qu'il étoit capable, non pas d'une grande invention, mais d'ajouter au au moins des chofes intéreffantes aux découvertes des inventeurs. Mais, par une jactance mal-entendue, il donna lieu à un fâcheux examen de fon talent & de fes connoiffances mathématiques. La réputation de favoir d'un Géometre médiocre eft (fi on me permet ce parallèle) comme l'honneur d'une femme : lorfqu'on y porte la plus légere atteinte, la bleffure eft prefque toujours mortelle. L'orgueilleux Jéfuite continua d'écrire que, nonobftant fa premiere inadvertance, il avoit trouvé des chofes très-extraordinaires touchant la Cycloïde, mais qu'il ne vouloit les mettre au jour qu'après que Dettonville auroit donné fes propres folutions : faifant entendre que celui-ci n'avoit peut-être pas réfolu lui-même les queftions qu'il propofoit aux autres. Dettonville répondit à cette efpece de défi en homme fupérieur & bien inftruit des forces de l'Athlete qui ofoit le provoquer : il déclara qu'il renonçoit à l'honneur d'avoir réfolu le premier ces Problêmes, & qu'il le cédoit tout entier au Jéfuite Touloufain, fi ce Jéfuite vouloit publier fes folutions avant le premier Janvier 1659. Cette déclaration ne permettoit plus à Lallouere de reculer, s'il avoit réellement poſſédé les méthodes qu'il s'attribuoit; mais on ne put jamais rien arracher de lui.

Le premier Janvier étant arrivé, Dettonville fit imprimer ſon Traité de la Roulette; il envoya le commencement de cet Ouvrage à Lallouere, afin qu'il y vît le calcul du cas ſur lequel il s'étoit trompé : mais celui-ci, au lieu de marquer ſa reconnoiſſance, répondit qu'il avoit préciſément ainſi rectifié lui-même ſa premiere ſolution. Dettonville, qui avoit prévu la réponſe, ſe moqua de lui, comme il s'étoit moqué de ſes Confreres les Caſuiſtes : avec cette différence néanmoins, que les déciſions d'Eſcobar & de Tambourin étoient un peu plus plaiſantes que les prétentions de Lallouere en Géométrie.

Le Jéſuite humilié n'oppoſa à ces railleries que ſon grand Traité *de Cycloïde*, qu'il fit imprimer en 1660. Mais cet Ouvrage trop long-tems attendu, & fondé ſur une ſyntheſe prolixe & laborieuſe, eut d'autant moins de ſuccès auprès des Géometres, qu'il ne contenoit rien qui n'eût été donné, du moins en ſubſtance, par Dettonville. D'ailleurs, l'Auteur y rappelloit ſans nécessité une promesse magnifique, déja mal accueillie lorsqu'il la fit pour la premiere fois, dix ans auparavant, celle de publier incessamment la quadrature du cercle. Que pouvoit-on penser d'un homme qui, pour me servir d'une expression ingénieuse de Fontenelle, avoit eu le malheur de faire une pareille découverte?

Wallis n'approcha gueres davantage du but. On avoit eu soin de lui envoyer le programme de Dettonville, aussi-tôt qu'il fut imprimé. La difficulté de ces problêmes l'effraya d'abord, & ne croyant pas, sans doute, pouvoir en trouver la solution & la faire parvenir ensuite à Paris, dans le tems prescrit, il demanda que le concours fût fermé à une époque plus éloignée pour les Savans étrangers, ou du moins qu'en les obligeant de faire partir leurs solutions avant le 1er Octobre, on n'exigeât pas à la rigueur, qu'elles arrivassent au plus tard ce même jour à Paris : car il peut se faire, écrivoit-il, qu'elles demeurent long-tems en chemin, ou par les incommodités de la guerre, ou par celles de la saison, ou par des vents contraires, si elles ont la mer à traverser : il est même possible que d'une maniere ou d'autre, elles viennent à se perdre, & alors ne seroit-il pas juste qu'on en pût envoyer de nouvelles copies, pourvu que les Officiers publics attestassent légalement la conformité de ces copies avec les premieres? Dettonville répondit qu'un pareil arrangement étoit illusoire; qu'en l'adoptant le concours n'auroit pas de fin, puisqu'on seroit toujours incertain du tems où des solutions qu'on supposeroit parties des pays étrangers avant le 1er Octobre, pourroient arriver à Paris; que par-là on s'exposeroit à des discussions embarrassantes sur la priorité des dates; qu'afin d'éviter ces discussions, il avoit cru devoir fixer un lieu & un tems pour recevoir les pieces du concours; qu'à la vérité ces conditions étoient plus avantageuses aux François, sur-tout à ceux de Paris, qu'aux Etrangers, mais qu'en faisant faveur aux uns il n'avoit pas fait d'injustice aux autres; qu'il laissoit à tout le monde le mérite de l'invention; qu'il ne disposoit point de la gloire, mais que donnant l'argent des prix, il avoit le droit d'en régler la dispensation; qu'il auroit pu proposer ces prix uniquement pour les François, comme en d'autres occasions il pourroit en proposer, ou pour les Allemands, ou pour les Chinois; qu'enfin il avoit établi les loix du concours, de la maniere qui lui avoit paru la plus équitable & la plus exempte d'inconvéniens. Il y a apparence que Wallis comptoit peu sur le succès de sa demande; car sans attendre de réponse il prit un parti sage, celui de s'appliquer incontinent à chercher la solution des problêmes proposés. Le résultat de ce travail fut la matiere d'un Ouvrage auquel il fit apposer la date du 19 Août (vieux style) 1658, par un Notaire d'Oxfort, & qu'il fit remettre à Paris chez M. de Carcavi, les premiers jours du mois de Septembre suivant. Durant le cours du même mois, Wallis écrivit quelques lettres aux Juges des prix, pour corriger des erreurs qu'il avoit remarquées dans son écrit. La derniere de ces lettres portoit que tout le mal n'étoit peut-être pas encore réparé. Les Juges examinerent avec attention l'Ouvrage & les corrections de l'Auteur. Cet examen leur prouva que Wallis n'avoit pas déterminé d'une maniere exacte les dimensions des solides de la Cycloïde autour de l'axe, ni le centre de gravité de cette courbe, ni ceux de ses parties, ni les centres de gravité des solides, demi-solides, &c. tant autour de la base que de l'axe; qu'outre les fautes qu'il avoit remarquées dans son Ouvrage, il y en avoit encore d'autres, & que ses corrections même en contenoient de nouvelles; que toutes ces fautes n'étoient pas de calcul, mais de méthodes, puisque les calculs étoient faits exactement d'après les méthodes; que l'Auteur s'étoit principalement trompé, en ce qu'il traitoit certaines surfaces, indéfinies en nombre, & qui n'étoient pas également distantes les unes des autres, de la même maniere que si elles l'étoient; ce qui l'avoit nécessairement conduit à de faux résultats. D'où les Juges conclurent que Wallis n'avoit non plus aucun droit aux prix.

Cette décision le piqua vivement. Il s'en plaint avec amertume dans la Préface de son Traité *de Cycloïde*, & dans plusieurs autres endroits de ses Ouvrages; il montre en toute occasion les sentimens d'une vive haine contre la nation Françoise; il voudroit être plaisant, il n'est que chagrin, au sujet de la faveur qu'il prétend que Dettonville a faite *à ses François*, dans les conditions des prix. Cependant il est forcé d'avouer que ſon premier écrit contenoit des fautes, & que ſes corrections même n'en étoient pas exemptes ; il ajoute ſeulement qu'il n'avoit pas cru devoir indiquer en quoi conſiſtoient ces dernieres fautes, parce qu'il ſoupçonnoit qu'on étoit mal intentionné envers lui : mais on ſent tout le ridicule de cette défaite. Comment auroit-on pu lui dénier la juſtice, ſi, au terme fixé pour la clôture du concours, il avoit fourni des ſolutions exactes ? Toute ſon apologie ne prouve autre choſe, ſinon qu'il a été jugé & condamné ſuivant la rigueur de la loi. Peut-être auroit-on pu lui accorder quelques délais pour rectifier ſes méthodes & ſes caculs ; mais ces délais n'euſſent été qu'un ſimple acte d'indulgence qu'il n'étoit pas en droit d'exiger. Pluſieurs Hiſtoriens de la Cycloïde, & entr'autres *Groningius*, ont épouſé ſon reſſentiment, ſans remonter aux pieces originales qui en démontrent évidemment l'injuſtice.

A ces preuves poſitives, ſe joignent des conſidérations morales qui n'ont pas moins de force. Eſt-il croyable que Paſcal, qui dépenſoit la plus grande partie de ſon bien en aumônes, eût manqué à l'obligation plus effentielle, d'acquitter une dette légitime? Ignoroit-il que la juftice eft le premier devoir de l'homme? Auroit-il ofé tranfgreffer publiquement ce précepte? En auroit-il eu le pouvoir, & n'y avoit-il pas d'autres Juges des Prix? Qu'auroient penfé ces hommes aufteres auxquels il étoit en fpectacle? Suppofera-t-on que l'efprit de parti ait pu les aveugler tous au point que, pour affurer à un Janféniſte l'honneur d'avoir réfolu feul des Problêmes difficiles, on ait formé le projet de foutenir cette prétention par un menfonge impoffible à cacher?

Les recherches de Wallis fur la Cycloïde ne parurent, en 1659, qu'après celles de Pafcal. Wallis s'y borna d'abord aux Problêmes du Programme: il ne réfolut ceux qui avoient été propofés au mois d'Octobre, dans l'Hiftoire de la Roulette, qu'en 1670, dans la feconde partie de fon Traité de Méchanique, où il parle du centre de gravité. Il craignoit, dit-il, que s'il eût donné la folution de ces derniers Problêmes dans fon premier Ecrit, immédiatement après que le Livre de Dettonville venoit de paroître, on ne le foupçonnât d'avoir profité de cet Ouvrage; ce qui l'avoit déterminé à publier d'abord ſon Traité, tel à peu-près qu'il avoit été envoyé pour le concours.

Je n'ajouterai plus qu'une réflexion ſur ce ſujet. Wallis, quelque tems après avoir reçu le *Traité de la Roulette* de Paſcal, écrivit à Huguens, que cet Ouvrage lui paroiſſoit *plein de génie*; & qu'il l'avoit lu avec d'autant plus de plaiſir & de facilité, que la méthode de l'Auteur n'étoit pas fort différente de la ſienne, fondée ſur l'*Aritméthique des infinis*, dont il avoit donné un Traité en 1655; mais il faut remarquer que les principes de ce Traité ſont les mêmes que ceux du Triangle Arithmétique que Paſcal avoit trouvés dès l'année 1654: au lieu qu'en 1658 même, Wallis ne ſavoit pas encore les employer d'une maniere ſûre, puiſqu'il avoit commis pluſieurs fautes dans ſes ſolutions.

Cependant Paſcal s'avançoit à grands pas vers le tombeau. Les trois dernieres années de ſa vie ne furent plus, pour ainſi dire, qu'une agonie continuelle; il devint preſque entiérement incapable de méditation. Dans les courts intervalles où il lui reſtoit quelque liberté d'eſprit, il s'occupoit de ſon

Ouvrage concernant la Religion; il écrivoit ses Pensées sur les premiers morceaux de papier qui lui tomboient sous la main; & quand il ne pouvoit pas tenir lui-même la plume, il les dictoit à un domestique intelligent, toujours assidu auprès de lui.

Ces fragmens furent recueillis après sa mort; & MM. de Port-Royal choisissant ce qui étoit le plus conforme à leur goût, ou aux intérêts de la Religion, en formerent un petit volume, qui parut en 1670, sous ce titre: *Pensées de M. Pascal sur la Religion & sur quelques autres sujets.*

Il y a dans ce Recueil plusieurs morceaux très-imparfaits, trop courts, trop peu développés, souvent vicieux par l'expression: il y en a d'autres d'une profondeur & d'une éloquence inimitable. Quelquefois l'Auteur n'expose sa pensée qu'à demi, & on a de la peine à la deviner; d'autres fois il s'énonce avec toute la clarté possible, sans tomber dans la diffusion: ces alternatives dépendent de la disposition physique où ses organes se trouvoient. En général, sa marche est fiere & imposante; il attache & subjugue le Lecteur; il discute & approfondit plusieurs grands objets, comme la nécessité d'étudier la Religion, les preuves hiſtoriques & morales qui en démontrent la vérité, les caracteres diſtinctifs auxquels on doit la reconnoître, la divinité de Jeſus-Chriſt, &c. Nous ne pouvons pas le ſuivre ici en détail : contentons-nous de donner une idée générale & abrégée de ſon plan.

Quel ſentiment doit éprouver l'homme jetté ſur la terre, pourvu d'intelligence & environné de toutes les merveilles de la Nature ? Tout lui annonce ſans doute un Être ſuprême qui a tiré l'Univers du néant, & qui le gouverne à ſa volonté. Mais ſe bornera-t-il à une admiration ſtérile de tant de prodiges ? Eſt-ce là le ſeul hommage que la créature intelligente puiſſe rendre au Créateur ? Ne lui doit-elle pas un tribut perpétuel de reconnoiſſance & d'adoration ? Mais quel culte cet Être ſouverain exige-t-il de nous ? Interrogeons les Philoſophes : parcourons l'Hiſtoire des Peuples ; examinons leurs loix, leurs uſages, leurs opinions religieuſes : nous trouverons d'abord des ſectes de Philoſophes qui ſe contrediſent les unes les autres ſur la nature du ſouverain Être, ſur la deſtination de l'homme, ſur les récompenſes & les peines qu'il doit eſpérer ou craindre; des Religions où l'on adore plusieurs Dieux, & souvent des Dieux plus corrompus & plus ridicules que les hommes; des cultes qui naissent & meurent avec les Empires; par-tout le mensonge & la superstition répandant leurs ténébres sur la terre. Dans cette nuit d'erreurs, un Peuple caché dans la Palestine, non loin des bords de la Méditerranée, vient attirer notre attention par les circonstances extraordinaires de son Histoire, & par sa maniere d'exister parmi tous les autres Peuples. Il se présente avec un seul Livre, qui contient tout à la fois l'histoire de son origine, les loix politiques de son institution, & le culte religieux qu'il rend au Créateur. Tous les autres Peuples avoient défiguré l'image de Dieu; lui seul nous la présente dans son intégrité; lui seul enseigne clairement que l'Univers est l'ouvrage de ce Dieu; que l'homme avoit reçu une portion de son intelligence infinie, mais que la créature s'étant révoltée contre le Créateur, elle a perdu, en grande partie, les avantages qu'elle tenoit de sa bonté; que dès-lors elle est devenue sujette au péché, à la douleur & à la mort. Ces notions si simples, si naturelles, expliquent mieux que tous les ſyſtêmes des Philoſophes, l'origine du mal qui exiſte ſur la terre, & fondent nos eſpérances pour une meilleure vie. En approfondiſſant de plus en plus l'Hiſtoire du Peuple Juif, on reconnoît qu'il poſſéde la vérité; qu'il l'a reçue immédiatement de ſon Auteur même : on eſt frappé de la divinité des Ecritures; on admire l'accompliſſement des Prophéties; on voit naître & s'élever ſur des fondemens inébranlables la Religion Chrétienne, qui eſt la fin & le complément de celle que Dieu avoit donnée aux Juifs pour un tems limité dans ſes decrets.

Paſcal ne regardoit pas ſeulement la Religion Chrétienne comme vraie : il la croyoit néceſſaire aux hommes pour fixer leur incertitude, pour adoucir les maux de la vie, & ſur-tout pour nous conſoler dans ces derniers momens où l'ame, dénuée de tout appui, eſt prête à tomber dans les abymes de l'éternité. Auſſi a-t-il établi ſur la connoiſſance du cœur humain, pluſieurs argumens en faveur de la Religion. Il penſoit même que, pour le commun des hommes, il vaut mieux s'attacher à la faire aimer & deſirer, que de chercher à la prouver par des raiſonnemens dont tous les eſprits ne peuvent pas ſentir la force & les conſéquences. » La plupart de ceux qui entreprennent, » dit-il, de prouver la Divinité aux impies, » commencent d'ordinaire par les ouvrages » de la Nature, & ils réuſſiſſent rarement. » Je n'attaque pas la ſolidité de ces preuves » conſacrées par l'Ecriture-Sainte : elles ſont » conformes à la raiſon ; mais ſouvent elles » ne ſont pas aſſez conformes & aſſez pro- » portionnées à la diſpoſition de l'eſprit de » ceux pour qui elles ſont deſtinées........ » La Divinité des Chrétiens ne conſiſte pas » en un Dieu ſimplement auteur des vérités » géométriques & de l'ordre des élémens ; » c'eſt la part des Païens : elle ne conſiſte pas » ſimplement en un Dieu qui exerce ſa pro- » vidence ſur la vie & ſur les biens des hom- » mes, pour donner une heureuſe ſuite d'an- » nées à ceux qui l'adorent ; c'eſt le partage » des Juifs : mais le Dieu d'Abraham & de » Jacob, le Dieu des Chrétiens, eſt un Dieu » d'amour & de conſolation ; c'eſt un Dieu » qui remplit l'ame & le cœur qu'il poſſéde ; » c'eſt un Dieu qui leur fait ſentir intérieu- » rement leur miſere & ſa miſéricorde in- » finie ; qui s'unit au fond de leur ame ; qui

» la remplit d'humilité, de joie, de confiance » & d'amour; qui la rend incapable d'autre » fin que de lui-même. «

On voit, par le même Recueil, que Pascal avoit porté dans l'étude de l'homme autant de profondeur que dans celle des Mathématiques. Rien n'égale la vérité & l'éloquence avec laquelle il peint les contrariétés qui se trouvent dans notre nature, nos grandeurs, nos foiblesses, nos miseres, les effets de l'amour-propre, &c. Dans ce tableau sublime, l'homme apprend à se connoître, & à fixer lui-même la place qu'il doit occuper dans l'Univers. » Qu'il ne s'arrête » pas, dit notre Auteur, à regarder simple- » ment les objets qui l'environnent; qu'il » contemple la Nature entiere dans sa haute » & pleine majesté; qu'il considere cette » éclatante lumiere, mise comme une lampe » éternelle pour éclairer l'Univers; que la » terre lui paroisse comme un point, au » prix du vaste tour que cet astre décrit; » & qu'il s'étonne de ce que ce vaste tour » n'est lui-même qu'un point très-délicat, à » l'égard de celui qu'embrassent les astres » qui roulent dans le firmament. Mais si no- » tre vue s'arrête là, que l'imagination passe

» outre : elle ſe laſſera plutôt de concevoir, » que la Nature de fournir. Tout ce que » nous voyons du monde, n'eſt qu'un trait » imperceptible dans l'ample ſein de la Na- » ture. Nulle idée n'approche de l'étendue » de ſes eſpaces ; nous avons beau enfler nos » conceptions, nous n'enfantons que des » atomes, au prix de la réalité des choſes. » C'eſt une ſphere infinie, dont le centre eſt » par-tout, la circonférence nulle part. »

Quel doit être l'étonnement de l'homme, au milieu de ces merveilles qui frappent ſes regards de tous côtés ! » Mais pour lui pré- » ſenter un autre prodige auſſi étonnant, » qu'il recherche dans ce qu'il connoît les » choſes les plus délicates ; qu'un ciron, par » exemple, lui offre dans la petiteſſe de ſon » corps des parties incomparablement plus » petites, des jambes avec des jointures, des » veines dans ces jambes, du ſang dans ces » veines, des humeurs dans ce ſang, des » gouttes dans ces humeurs, des vapeurs » dans ces gouttes : que diviſant encore ces » dernieres choſes, il épuiſe ſes forces & ſes » conceptions, & que le dernier objet où il » peut arriver ſoit maintenant celui de notre » diſcours ; il penſera peut-être que c'eſt là

» l'extrême

» l'extrême petiteſſe de la Nature : je veux » lui faire voir là-dedans un abyme nou- » veau : je veux lui peindre non-ſeulement » l'Univers viſible, mais encore tout ce qu'il » eſt capable de concevoir de l'immenſité » de la Nature, dans l'enceinte de cet atome » imperceptible........ Qu'il ſe perde dans » ces merveilles auſſi étonnantes par leur » petiteſſe, que les autres par leur étendue. » Car qui n'admirera que notre corps, qui » tantôt n'étoit pas perceptible dans l'Uni- » vers imperceptible lui-même dans le ſein » du tout, ſoit maintenant un coloſſe, un » monde, ou plutôt un tout à l'égard de la » derniere petiteſſe où l'on ne peut arriver? «

La penſée eſt la véritable prérogative de l'homme. C'eſt par-là qu'il eſt grand, ſi le mot de grandeur peut être appliqué à un être borné. » C'eſt de la penſée que nous » tirons toute notre dignité; c'eſt de-là qu'il » faut nous relever, non de l'eſpace & de la » durée. Travaillons donc à bien penſer : » voilà le principe de la morale. Il eſt dan- » gereux de trop faire voir à l'homme com- » bien il eſt égal aux bêtes, ſans lui mon- » trer ſa grandeur : il eſt encore dangereux » de lui faire trop voir ſa grandeur, ſans ſa

» baſſeſſe ; il eſt encore plus dangereux de » lui laiſſer ignorer l'un & l'autre ; mais il » eſt très-avantageux de lui repréſenter l'un » & l'autre. «

Que l'homme apprécie donc ſes vrais avantages, & qu'il ne ſorte point des limites preſcrites à ſa foibleſſe. » Cet état qui tient » le milieu entre les extrêmes, ſe trouve en » toutes nos puiſſances. Nos ſens n'apper- » çoivent rien d'extrême : trop de bruit nous » aſſourdit, trop de lumiere nous éblouit : » trop de diſtance & trop de proximité em- » pêchent la vue : trop de longueur & trop » de briéveté obſcurciſſent un diſcours : trop » de plaiſir incommode ; trop de conſon- » nances déplaiſent ; nous ne ſentons, ni » l'extrême chaud, ni l'extrême froid ; les » qualités exceſſives nous ſont ennemies, & » non pas ſenſibles ; nous ne les ſentons » plus, nous les ſouffrons. Trop de jeuneſſe » & trop de vieilleſſe empêchent l'eſprit ; » trop & trop peu de nourriture troublent » ſes actions ; trop & trop peu d'inſtruction » l'abêtiſſent. Les choſes extrêmes ſont pour » nous comme ſi elles n'étoient pas, & nous » ne ſommes point à leur égard : elles nous » échappent, ou nous à elles. . . . . . . , La

» foiblesse de la raison de l'homme pa-
» roît bien davantage en ceux qui ne la con-
» noissent pas, qu'en ceux qui la connois-
» sent. Si on est trop jeune, on ne juge pas
» bien; si on est trop vieux, de même; si
» on n'y songe pas assez, si on y songe trop,
» on s'entête, & l'on ne peut trouver la
» vérité. Si l'on considere son ouvrage in-
» continent après l'avoir fait, on en est en-
» core tout prévenu; si trop long-tems
» après, on n'y entre plus. Il n'y a qu'un
» point indivisible qui soit le véritable lieu
» de voir les tableaux : les autres sont trop
» près, trop loin, trop haut, trop bas. La
» perspective l'assigne dans l'art de la pein-
» ture; mais dans la vérité & dans la mo-
» rale, qui l'assignera? .... Cette maî-
» tresse d'erreur, que l'on appelle fantaisie
» & opinion, est d'autant plus fourbe,
» qu'elle ne l'est pas toujours; car elle se-
» roit régle infaillible de vérité, si elle l'étoit
» infaillible du mensonge. Mais étant le plus
» souvent fausse, elle ne donne aucune mar-
» que de sa qualité, marquant de même ca-
» ractere le vrai & le faux. Cette superbe
» puissance, ennemie de la raison, qui se
» plaît à la contrôler & à la dominer,

» pour montrer combien elle peut en tou-
» tes choſes, a établi dans l'homme une ſe-
» conde nature. Elle a ſes heureux & ſes
» malheureux ; ſes ſains, ſes malades ; ſes
» riches, ſes pauvres ; ſes fous & ſes ſages :
» & rien ne nous dépite davantage, que de
» voir qu'elle remplit ſes hôtes, d'une ſa-
» tisfaction beaucoup plus pleine & entiere
» que la raiſon : les habiles par imagination,
» ſe plaiſant tout autrement en eux-mêmes,
» que les prudens ne peuvent raiſonna-
» blement ſe plaire. Ils regardent les gens
» avec empire, ils diſputent avec hardieſſe
» & confiance, les autres avec crainte &
» défiance : & cette gaieté de viſage leur
» donne ſouvent l'avantage dans l'opinion
» des écoutans ; tant les ſages imaginaires
» ont de faveur auprès de leurs juges de
» même nature : elle ne peut rendre ſages
» les fous, mais elle les rend contens, à
» l'envi de la raiſon, qui ne peut rendre ſes
» amis que miſérables. L'une les comble de
» gloire, l'autre les couvre de honte. Qui
» diſpenſe la réputation ? qui donne le reſ-
» pect & la vénération aux perſonnes, aux
» ouvrages, aux grands, ſinon l'opinion ?
» Combien toutes les richeſſes de la terre

» ſont-elles inſuffiſantes ſans ſon conſente-
» ment ? L'opinion diſpoſe de tout : elle
» fait la beauté, la juſtice & le bonheur,
» qui eſt le tout du monde. Je voudrois de
» bon cœur voir le Livre Italien, dont je
» ne connois que le titre, & qui vaut lui
» ſeul bien des Livres : *Della opinione re-*
» *gina del mundo.* J'y ſouſcris, ſans le con-
» noître, ſauf le mal s'il y en a. «

L'homme eſt vain naturellement. » Nous
» ne nous contentons pas de la vie que nous
» avons en nous & en notre propre être :
» nous voulons vivre dans l'idée des autres,
» d'une vie imaginaire ; & nous nous effor-
» çons pour cela de paroître. Nous travail-
» lons inceſſamment à embellir & à con-
» ſerver cet être imaginaire, & nous négli-
» geons le véritable ; ſi nous avons, ou la
» tranquillité, ou la générosité, ou la fi-
» délité, nous nous empreſſons de le faire
» ſavoir, afin d'attacher ces vertus à cet
» être d'imagination : nous les détacherions
» plutôt de nous pour les y joindre ; & nous
» ſerions volontiers poltrons, pour acquérir
» la réputation d'être vaillans. »

Mais à quel titre l'homme veut-il qu'on s'occupe ſans ceſſe de lui ? De quoi peut-il s'enorgueillir? d'élever ou d'abaiſſer les Empires? » Cromwel alloit ravager toute la » Chrétienté: la famille Royale étoit per» due, & la ſienne à jamais puiſſante, ſans » un petit grain de ſable qui ſe mit dans ſon » uretre: Rome même alloit trembler ſous » lui; mais ce petit gravier, qui n'étoit rien » ailleurs, mis en cet endroit, le voilà mort, » ſa famille abaiſſée, & le Roi rétabli. «

De connoître les fondemens de la juſtice? il les ignore. » On ne voit preſque rien » de juſte ou d'injuſte qui ne change de qua» lité en changeant de climat. Trois dégrés » d'élévation du pole, renverſent toute la » Juriſprudence: un méridien décide de la » vérité, ou peu d'années de poſſeſſion; les » loix fondamentales changent; le droit a » ſes époques. Plaiſante juſtice, qu'une ri» viere ou une montagne borne! Vérité au» deçà des Pyrénées, erreur au-delà. »

De la force de ſon eſprit? » L'eſprit du » plus grand homme du monde n'eſt pas ſi » indépendant, qu'il ne ſoit ſujet à être trou» blé par le moindre tintamarre qui ſe fait » autour de lui. Il ne faut pas le bruit d'un » canon pour empêcher ſes penſées: il ne » faut que le bruit d'une girouette ou d'une

» poulie. Ne vous étonnez pas, s'il ne rai-
» ſonne pas bien à préſent, une mouche
» bourdonne à ſes oreilles : c'en eſt aſſez pour
» le rendre incapable de bon conſeil. Si vous
» voulez qu'il puiſſe trouver la vérité, chaſ-
» ſez cet animal qui tient ſa raiſon en échec,
» & trouble cette puiſſante intelligence qui
» gouverne les Villes & les Royaumes. »

De l'empire qu'il a ſur ſes ſens & ſur ſon imagination? il en eſt au contraire l'eſclave; ſa raiſon eſt continuellement ſéduite & entraînée par les objets extérieurs. » Nos Ma-
» giſtrats ont bien connu ce myſtere : leurs
» robes rouges, leurs hermines, dont ils
» s'emmaillotent en chats fourrés, les pa-
» lais où ils jugent, les fleurs de lys; tout
» cet appareil auguſte étoit néceſſaire. Si les
» Médecins n'avoient des ſoutanes & des
» mules, & que les Docteurs n'euſſent des
» bonnets quarrés, & des robes trop am-
» ples, de quatre parties, jamais ils n'au-
» roient dupé le monde, qui ne peut réſiſter
» à cette montre authentique. Les ſeuls gens
» de guerre ne ſe ſont pas déguiſés de la
» ſorte, parce qu'en effet leur part eſt plus
» eſſentielle : ils s'établiſſent par la force,
» les autres par grimaces. C'eſt ainſi que nos

» Rois n'ont pas recherché ces déguisemens: » ils ne se sont pas masqués d'habits ex- » traordinaires pour paroître tels ; mais ils » se font accompagner de gardes & de hal- » lebardes, ces trognes armées, qui n'ont » de mains & de force que pour eux : les » trompettes & les tambours, qui marchent » au-devant, & ces légions qui les environ- » nent, font trembler les plus fermes : ils » n'ont pas l'habit seulement, ils ont la » force. Il faudroit avoir une raison bien » épurée, pour regarder, comme un autre » homme, le Grand-Seigneur, environné » dans son superbe serrail, de quarante mille » Janissaires. «

Je ne me lasse point de transcrire Pascal; mais il faut lire son Ouvrage même. Tout informe qu'il est, on y trouvera telle page qui contient plus d'idées que des Livres entiers sur des matieres semblables.

Les premiers Editeurs de ce Recueil en avoient rejetté plusieurs Pensées très-intéressantes, & même des Dissertations assez étendues, & complettes dans leur genre : tels sont un Ecrit sur l'autorité en matiere de Philosophie, des réflexions sur la Géométrie en général, un petit Traité de l'art de perſuader, pluſieurs Penſées morales détachées, &c. Tous ces morceaux ſont infiniment précieux, par la juſteſſe, la ſaine raiſon & les vues nouvelles qui y regnent. J'ai réparé le tort qu'on avoit eu de les ſupprimer. Les manuſcrits de l'Auteur nous ayant été conſervés par M. l'Abbé Périer, ſon neveu, je m'en ſuis procuré une copie exacte; & c'eſt d'après cette copie qu'on a inſéré dans la collection complette des Œuvres de Paſcal, imprimée en 1779, un très-grand nombre de choſes qui ne ſont point dans l'édition de Port-Royal, ni même dans le Supplément publié par le P. Deſmolets.

Tout ce qui reſte de notre Auteur montre en général la préférence qu'il donnoit à la méthode des Géometres, ſur les autres moyens de chercher la vérité. L'avantage de cette méthode conſiſte en ce qu'elle définit clairement toutes les choſes obſcures ou inconnues; qu'elle n'employe jamais dans ſes définitions que des termes juſtes & bornés à la ſeule acception qu'on leur attribue; qu'elle évite ſoigneuſement la redondance des mots & des idées, ayant ſoin de faire connoître chaque objet par une ſeule propriété. Si on appliquoit ces régles à pluſieurs queſtions de Métaphyſique ou de Théologie, on couperoit la racine à bien des diſputes : mais alors de quoi s'occuperoit-on dans un grand nombre d'Ecoles?

L'Ouvrage que Paſcal deſtinoit à la défenſe du Chriſtianiſme, étoit l'expreſſion d'une foi active & conſtante qui lui faiſoit pratiquer toutes les auſtérités de la Morale évangélique. Nous avons ici pour témoin Madame Périer, ſa ſœur : nous la prendrons pour guide dans cette partie de ſon hiſtoire. On a déja fait remarquer, & ce récit montrera encore mieux l'injuſtice de ceux qui accuſent la Géométrie de nous porter à l'incrédulité & au déréglement. Pourquoi, en effet, imputer à cette Science même le crime de certains Géometres qui, ne diſtinguant pas aſſez les différentes ſortes de preuves dont chaque ſujet eſt ſuſceptible, mépriſent ou affectent de mépriſer les preuves de la Religion? N'y a-t-il pas dans tous les genres des hommes qui abuſent de leurs lumieres? Les Poëtes, les Orateurs, les Peintres, &c. ſont-ils, en général, plus religieux que les Savans proprement dits? Ne ſeroit-il pas raiſonnable de penſer que l'étude des Sciences exactes, peu destinée à exciter les applaudissemens de la multitude, nous prépare aux vertus chrétiennes, en inspirant le goût de la réflexion, l'amour du travail, le mépris des honneurs & de la fortune, en humiliant même l'orgueil humain, par les difficultés insurmontables que l'esprit trouve à chaque pas dans ses recherches, & qui lui font sentir combien il est borné ?

Pascal remplissoit tous les devoirs du Chrétien, comme le plus simple & le plus humble des Fideles. Il ne manquoit jamais d'assister aux Offices divins de sa Paroisse, à moins que ses infirmités ne l'en empêchassent absolument. Dans la vie privée, il étoit sans cesse occupé à mortifier ses sens, & à élever son ame à Dieu. Il avoit pour maxime de renoncer à tout plaisir, à toute superfluité. Il retranchoit avec tant de soin ce qui lui paroissoit inutile, dit Madame Périer, qu'il finit par faire ôter de sa chambre toutes les tapisseries, comme des meubles de luxe, uniquement destinés à réjouir la vue. Quand on l'obligeoit de faire, pour sa santé, quelque chose qui pouvoit flatter ses sens, il avoit soin d'en distraire son esprit, & d'en écarter toute idée de plaisir. Il ne pouvoit ſouffrir qu'on louât en ſa préſence la bonne chere : il vouloit qu'on mangeât uniquement pour ſatisfaire l'apétit, & non pour contenter le goût. Dès le commencement de ſa retraite, il avoit examiné la quantité d'alimens néceſſaire pour ſon eſtomac ; il ne la paſſoit jamais, & quelque dégoût qu'il y trouvât, il la mangeoit toujours : méthode reſpectable par ſon principe, mais ſouvent bien contraire à l'état phyſique & variable du corps humain.

Sa charité étoit extrême : il regardoit les pauvres comme ſes véritables freres ; l'affection qu'il leur portoit alloit ſi loin, qu'il ne pouvoit jamais leur refuſer l'aumône, quoiqu'il la fît ſouvent ſur ſon néceſſaire, car il avoit peu de bien, & ſes infirmités l'obligeoient à des dépenſes qui ſurpaſſoient ſon revenu. Lorſqu'on lui faiſoit des repréſentations ſur ſes excès en ce genre, il répondoit : *J'ai remarqué que, quelque pauvre qu'on ſoit, on laiſſe toujours quelque choſe en mourant.*

Il n'approuvoit point ces projets de Réglemens que certains particuliers propoſent quelquefois pour prévenir tous les beſoins des malheureux : il diſoit que ces projets généraux regardent l'Adminiſtration, & que l'homme privé doit chercher à ſervir les pauvres pauvrement, c'eſt-à-dire, ſelon ſon pouvoir actuel, ſans ſe livrer à des idées ſpéculatives & infructueuſes, dont la recherche n'eſt, pour l'ordinaire, que l'aliment de l'oiſiveté ou de l'avarice.

Quelque tems avant ſa mort, il logeoit dans ſa maiſon un pauvre homme & ſon fils, uniquement par commiſération chrétienne ; car il n'en retiroit aucune eſpece de ſervice. L'enfant fut attaqué de la petite vérole, & on ne pouvoit gueres le tranſporter ailleurs ſans danger. Paſcal étoit déja lui-même très-malade : il avoit un beſoin continuel des ſecours de Madame Périer, que des affaires de famille, & ſur-tout le deſir de voir ſon frere, avoient amenée à Paris depuis un certain tems. Et comme elle habitoit une maiſon particuliere, avec ſes enfans, qui n'avoient pas eu la petite vérole, Paſcal ne voulut pas qu'elle s'exposât au danger de la leur apporter. Il prononça contre lui-même en faveur du pauvre : il quitta ſa maiſon pour ne plus y rentrer, & vint occuper, chez Madame Périer, un petit appartement, peu commode pour ſon état.

Nous citerons un autre trait, non moins remarquable, de ſa charité. Un matin, en revenant de S. Sulpice, où il avoit entendu la Meſſe, il rencontra une jeune fille de la campagne, très-belle, qui lui demanda l'aumône. Frappé du danger auquel elle étoit expoſée, & ayant appris que ſon pere étoit mort depuis peu, & que ſa mere mourante venoit d'être tranſportée ce jour-là même à l'Hôpital, il crut que Dieu lui envoyoit cette fille préciſément au moment qu'elle avoit beſoin de ſecours. Il la mena ſur le champ à un vénérable Eccléſiaſtique du Séminaire; & ſans ſe faire connoître, donna de l'argent pour la nourrir & la vêtir, juſqu'à ce qu'on pût lui trouver une condition avantageuſe: il dit à ce bon Prêtre, en le quittant, que le lendemain il lui enverroit une femme pour l'aider dans cette œuvre pieuſe. Le ſuccès fut heureux & prompt; la jeune fille fut placée. On ne ſut qu'après la mort de Paſcal, qu'il étoit l'auteur de cette bonne action. Madame Périer, en la racontant, n'ajoute pas, ce qu'on a appris depuis, qu'elle en avoit partagé le mérite avec ſon frere.

Je ne louerai point Paſcal ſur la pureté de ſes mœurs: on conçoit qu'avec un corps exténué par les maladies & les macérations chrétiennes, il devoit, fuir sans effort, les plaisirs des sens; mais il ne cessoit de remercier Dieu de l'avoir réduit à cet état d'abattement & de langueur, qui lui paroissoit la situation la plus desirable pour un Chrétien. Son amour pour la chasteté étoit si grand, qu'il ne pouvoit souffrir les discours qui y portoient la plus légere atteinte. Il poussoit le scrupule sur ce point, jusqu'à désapprouver les embrassemens que Madame Périer faisoit quelquefois à ses enfans: il croyoit que cette maniere de leur témoigner de la tendresse, pouvoit avoir des suites dangereuses pour les mœurs.

On remarque qu'il étoit un peu enclin à la vanité. Et comment en effet ne se seroit-il pas quelquefois livré au sentiment de sa supériorité? Mais il portoit toujours sur lui une ceinture de fer, hérissée de pointes; & quand il se surprenoit quelque mouvement d'orgueil, *il se donnoit*, dit Madame Périer, *des coups de coude pour redoubler la violence des piqures*, & pour se rappeller ainsi à la modestie & à l'humilité chrétienne.

Persuadé que la Loi de Dieu défend de trop abandonner son cœur aux créatures, il s'efforçoit de modérer l'affection qu'il avoit pour ses parens. Il ne montroit donc à personne ces attachemens vifs & empressés auxquels le monde semble mettre un si grand prix ; & il ne vouloit pas qu'on en eût pour lui. Madame Périer, née avec une ame douce & sensible, se plaignoit quelquefois de ses froideurs à leur sœur Jacqueline, Religieuse à Port-Royal, qui la consoloit & la rassuroit. En effet, s'il se présentoit quelque occasion où Madame Périer eût besoin de son frere, il la servoit avec tant de chaleur & tant d'intérêt, qu'elle ne pouvoit plus douter qu'il ne l'aimât sincerement. Elle attribuoit donc aux maux qu'il souffroit, la maniere indifférente dont il recevoit les soins qu'elle lui rendoit : ignorant que cette espece d'insensibilité avoit une source plus pure & plus élevée; elle en fut instruite, le soir même qu'il mourut, par ces paroles qu'il avoit écrites sur un papier détaché : » Il est injuste qu'on s'attache à moi, » quoiqu'on le fasse avec plaisir & volontai- » rement : je tromperois ceux en qui je fe- » rois naître ce desir; car je ne suis la fin de » personne, & n'ai de quoi le satisfaire. Ne » suis-je pas prêt à mourir ? & ainsi l'objet de » leur

» leur attachement mourra. Donc comme » je ſerois coupable de faire croire une fauſ-» ſeté, quoique je la perſuadaſſe doucement, » qu'on la crût avec plaiſir, & qu'en cela » on me fît plaiſir : de même je ſuis cou-» pable, ſi je me fais aimer, & ſi j'attire les » gens à s'attacher à moi. Je dois avertir » ceux qui ſeroient prêts à conſentir au men-» ſonge, qu'ils ne le doivent pas croire, quel-» que avantage qui m'en revienne ; & de » même, qu'ils ne doivent pas s'attacher à » moi : car il faut qu'ils paſſent leur vie & » leurs ſoins à plaire à Dieu & à le chercher. «

Les prodiges opérés dans l'établiſſement de la Religion, lui avoient prouvé que Dieu a plus d'une fois interrompu le cours ordinaire des loix de la Nature pour inſtruire les hommes : convaincu que la même Providence ne ceſſe point de veiller ſur ſon Egliſe, il penſoit qu'elle ſe manifeſte encore quelquefois par des miracles ; & il crut en remarquer un exemple dans un événement extraordinaire qui arriva pendant qu'il combattoit la morale corrompue des Jéſuites. Une fille de M. & Madame Périer, nommée *Marguerite*, Penſionnaire au Monaſtere de Port-Royal de Paris, âgée de dix à onze ans, étoit affligée depuis trois ans & demi d'une fistule lacrymale de la plus mauvaise espece: elle jettoit par l'œil, par le nez & par la bouche une matiere d'une puanteur insupportable. Le Vendredi 24 Mars 1656, on lui fit toucher la Relique de la sainte Epine, que M. de la Poterie, Ecclésiastique d'une haute dévotion, avoit prêtée au Monastere de Port-Royal; & aussi-tôt la jeune fille se trouva guérie. Racine dit, dans l'Histoire de Port-Royal, que le silence étoit si grand dans ce Monastere, que plus de six jours après ce miracle, il y avoit des Sœurs qui n'en avoient point entendu parler. Il n'est pas dans le cours ordinaire des choses, que les personnes dont la foi est la plus ardente, voient s'opérer, sous leurs yeux, un miracle, sans être frappées d'étonnement, sans se presser de le communiquer, & d'en rendre gloire à Dieu. La réserve des Religieuses de Port-Royal pourra donc paroître à certains esprits jetter des doutes sur le fait même: à des esprits plus favorablement disposés, elle prouvera que la guérison de la jeune Périer n'étoit point un de ces ressorts préparés d'avance, un de ces artifices pieux que les chefs de parti se sont trop souvent permis pour attirer à eux la multitude crédule.

Les Directeurs de Port-Royal, sincérement persuadés du miracle, ne crurent pas qu'il leur fût permis de taire une faveur de la Providence, aussi signalée, aussi glorieuse pour la Religion Catholique, & aussi propre à faire triompher leur cause. Ils voulurent donner au fait la plus grande authenticité. Quatre Médecins célébres & plusieurs Chirurgiens qui avoient examiné & traité la maladie, attesterent qu'elle étoit incurable par tous les moyens humains, & que la guérison ne pouvoit en être que surnaturelle. Le miracle fut publié avec l'approbation solemnelle des Vicaires Généraux qui gouvernoient le Diocèse de Paris en l'absence du Cardinal de Retz. La maniere dont il fut reçu dans le monde, désespéra les Jésuites. Ils entreprirent de le nier : pour motiver leur incrédulité, ils employoient ce ridicule argument : Le Port-Royal est Hérétique, & Dieu ne fait pas des miracles pour les Hérétiques. On leur répondit : le miracle de Port-Royal est très-certain ; vous ne pouvez révoquer en doute un fait avéré : donc les Jansénistes soutiennent la bonne cause, & vous êtes des calomniateurs. Une circonstance particuliere vint à l'appui de ce raiſonnement. La ſainte Relique n'opéroit des miracles qu'à Port-Royal : ayant été tranſportée chez les Urſulines & chez les Carmelites, elle n'y en fit aucun, *parce que ces Religieuſes n'avoient point d'ennemis*, & qu'ainſi *elles n'avoient pas beſoin, comme quelques-unes d'elles ont dit, que Dieu fit un miracle pour prouver qu'il eſt avec elles* (1). Les Jéſuites ſcandaliſerent les perſonnes pieuſes; & les railleurs ſe moquerent d'eux. Rien ne manqua en cette occaſion au triomphe des Janſéniſtes. Paſcal demeura convaincu que la guériſon de ſa niece étoit l'œuvre de Dieu; & cette fille en eut la même perſuaſion, qu'elle a conſervée pendant toute ſa vie, qui a été très-longue. La croyance à un miracle particulier qui n'eſt, ni rapporté dans les Livres ſaints, ni conſacré par les déciſions de l'Egliſe, n'intéreſſe point la Foi : la queſtion ſe réduit à un ſimple point de fait ſur lequel les opinions peuvent ſe partager. Mais ce qu'il n'eſt pas permis ici de révoquer en doute, c'eſt la ſincérité & la candeur de Paſcal, dont la

(1) Voyez le recueil des Œuvres de Paſcal, Tome III, page 479.

droiture & l'amour pour la vérité ne se sont jamais démentis. Certainement il n'y a personne à qui son autorité ne doive paroître d'un grand poids. S'il s'est trompé, il faut le respecter encore dans son erreur : il faut considérer que le sentiment naturel d'un Chrétien souffrant, à qui la Religion semble envoyer des consolations, est de les recevoir avec une Foi humble & reconnoissante, & non pas de les soumettre à l'examen du scepticisme.

Pendant les deux dernieres années de sa vie, Pascal fut tourmenté par tous les maux du corps & de l'esprit. Il eut, en 1661, la douleur de voir naître cette longue persécution sous laquelle la Maison de Port-Royal succomba enfin dans la suite. La faveur publique étoit pour les Jansénistes ; mais cette faveur-là même ne faisoit qu'irriter davantage les Jésuites, qui ayant trouvé le moyen de surprendre l'autorité, en porterent l'abus au dernier excès. Pour parvenir sûrement à perdre les Savans de Port-Royal, la *Société* imagina de faire imposer aux Religieuses de cette Abbaye la loi de signer le Formulaire de 1657 : bien certaine que l'avis de leurs Directeurs seroit, ou de ne point ſigner, ou de ne ſigner qu'avec des reſtrictions également favorables à ſes projets de vengeance & de deſtruction. Les Grands-Vicaires de Paris eurent ordre en conſéquence, de ſe rendre aux deux Monaſteres, & d'y faire exécuter cette loi en toute rigueur. Je n'ai pas beſoin de peindre ici le déplorable embarras où ſe trouverent les Religieuſes, forcées de porter leur jugement ſur le Livre de Janſénius, dont elles n'entendoient, ni la langue, ni la matiere: reſpectant d'une part l'autorité qui les preſſoit, de l'autre craignant de trahir la vérité: rébelles aux yeux du Gouvernement, ſi elles refuſoient de ſigner, & coupables aux yeux de leurs Directeurs, ſi elles paroiſſoient donner leur approbation à un Ecrit qu'ils préſentoient comme arraché au Clergé & au Pape, par les intrigues des Jéſuites. Ces cruelles perplexités couterent la vie à Jacqueline Paſcal: lors de la viſite des Grands-Vicaires, elle étoit Sous-Prieure à Port-Royal-des-Champs; les combats violens qu'elle eſſuya, placée entre le deſir de ſe ſoumettre & les terreurs de ſa conſcience, firent en elle une ſi grande révolution, qu'elle tomba malade, & mourut le 4 Octobre 1661 : *premiere victime du Formulaire*, comme elle disoit elle-même. Tous ceux qui la connoissoient, la pleurerent sincérement. Elle avoit beaucoup d'esprit & de sensibilité ; elle faisoit bien des vers ; à l'âge de quatorze ans, elle avoit remporté le prix de Poésie qui se distribue à Rouen le jour de la Conception ; on nous a conservé (1) d'elle plusieurs pieces où l'on trouve de la facilité, du naturel & quelquefois de l'élégance. Pascal aimoit tendrement cette sœur : lorsqu'il apprit sa mort, il dit en poussant un profond soupir : *Dieu nous fasse la grace de mourir comme elle.*

Dans ce combat de l'obéissance & des scrupules, les Religieuses de Port-Royal adresserent à la Cour quelques plaintes modérées : mais ces plaintes, interprêtées par les Jésuites, eurent la couleur d'une résistance coupable ; & on ne regarda plus les Directeurs du Monastère, que comme des hérétiques & des séditieux. Cependant ils n'avoient jamais balancé à condamner les cinq Propositions en elles-mêmes ; ils avoient seule-

(1) Voyez le Livre qui a pour titre : *Recueil de plusieurs Pieces pour servir à l'Histoire de Port-Royal* (1740).

ment distingué, dans la CONSTITUTION d'Alexandre VII, deux questions, l'une de droit, l'autre de fait : ils recevoient comme une régle de foi la question de droit, c'est-à-dire, la censure des cinq Propositions dans le sens qu'elles offroient immédiatement, & abstraction faite de toutes les circonstances qui pouvoient les restraindre ou les modifier ; mais ils ne se croyoient pas obligés d'adhérer à l'assertion du Pape, lorsqu'il disoit que les cinq Propositions étoient formellement contenues dans Jansénius, & hérétiques dans le sens de cet Auteur, parce qu'il étoit possible, selon eux, que les Papes & l'Eglise même se trompassent sur les questions de fait. Si on n'avoit réellement cherché, dans ces disputes, que la vérité & la concorde, il semble que cette distinction auroit pu rapprocher les esprits. Pascal l'avoit adoptée, pleinement ; elle sert de base aux deux dernieres Lettres Provinciales qui parurent en 1657. Quatre ans après, lorsqu'on voulut obliger les Religieuses de Port-Royal de souscrire au Formulaire, les Jansénistes montrerent une nouvelle condescendance : ils consentirent que les Religieuses signassent, en déclarant simplement qu'elles ne pouvoient pas juger si les Propositions condamnées par le Pape, & qu'elles condamnoient sincérement, étoient tirées ou non de Jansénius. Mais cette restriction légere & raisonnable ne put contenter les Jésuites, qui vouloient absolument perdre les Solitaires de Port-Royal, ou les forcer à une rétractation deshonorante. C'est ce que Pascal avoit prévu. Aussi, loin d'approuver la facilité des Jansénistes, il ne cessoit de leur dire : *Vous cherchez à sauver Port-Royal; vous ne le sauverez point, & vous trahissez la vérité !* Il en vint jusqu'à changer d'avis au sujet de la distinction du fait & du droit. La doctrine de Jansénius sur les cinq Propositions lui parut être exactement la même que celle de saint Paul, de saint Augustin & de saint Prosper. D'où il concluoit que les Papes, en condamnant le sens de Jansénius, s'étoient trompés, non pas seulement sur le fait, mais encore sur le droit; & qu'on ne pouvoit signer en conscience le Formulaire, qu'en exceptant d'une maniere bien prononcée ce même sens de Jansénius. Il accusa de foiblesse les Solitaires de Port-Royal : il leur dit nettement que dans leurs différens Ecrits, ils avoient eu trop d'égard à l'utilité présente, & que comme elle avoit changé selon les divers tems, ils s'étoient trop prêtés aux circonstances. L'élévation de son ame & la droiture de son esprit ne voyoient plus dans tous ces tempéramens que des subterfuges inventés par le besoin, condamnables aux yeux des hommes, & absolument indignes des véritables défenseurs de l'Eglise. On répondit à ces reproches, en expliquant au long & d'une maniere ingénieuse, les moyens de souscrire au Formulaire, sans blesser sa conscience, & peut-être sans déplaire au Gouvernement. Mais toutes ces explications ne firent point changer de sentiment à Pascal: elles eurent même un effet opposé à celui qu'on desiroit; elles occasionnerent quelque réfroidissement dans ses liaisons avec les Solitaires de Port-Royal. Cette petite mésintelligence, qu'on ne cacha point de part & d'autre, fut dans la suite la source d'un mal-entendu assez singulier, dont les Jésuites voulurent tirer avantage. M. Beurier, Curé de Saint Etienne-du-Mont, homme pieux, mais d'ailleurs peu instruit, qui assista Pascal dans sa derniere maladie, ayant entendu dire vaguement à cet homme célebre, qu'il ne pensoit pas comme les Solitaires de Port-Royal ſur les matieres de la grace, crut que ces paroles ſignifioient qu'il penſoit comme leurs Adverſaires. Il n'imaginoit pas qu'on pût être plus Janſéniſte, s'il eſt permis de parler ainſi, que Nicole & Arnaud. Trois années environ s'étoient écoulées depuis la mort de Paſcal, lorſque M. Beurier, ſur le témoignage confus de ſa mémoire, atteſta par écrit à l'Archevêque de Paris, Hardouin de Péréfixe, Moliniſte zélé, que Paſcal lui avoit dit qu'il s'étoit ſéparé des Solitaires de Port-Royal ſur la queſtion du Formulaire, & qu'il ne leur trouvoit pas aſſez de ſoumiſſion pour le Saint-Siége. C'étoit préciſément tout le contraire. Les Jéſuites firent un pompeux étalage de cette déclaration : ils n'avoient pu répondre aux Lettres Provinciales ; ils cherchoient à perſuader que l'Auteur les avoit rétractées, ſur-tout les deux dernieres, & qu'il avoit fini par adopter leur Théologie. Mais les Janſéniſtes confondirent aiſément cette ridicule prétention. On oppoſa au témoignage de M. Beurier, des témoignages contraires, infiniment plus circonſtanciés & plus poſitifs ; & ce qui ne laiſſoit aucun doute, on produiſit les Ecrits dans leſquels

Paſcal expliquoit lui-même ſes ſentimens. Frappé de ces preuves victorieuſes, & rappellant mieux ſes eſprits, M. Beurier reconnut qu'il avoit mal pris les paroles de ſon pénitent, & rétracta formellement ſa déclaration. Enfin les Jéſuites furent forcés de convenir que Paſcal étoit mort dans les principes du Janſéniſme le plus rigoureux.

Revenons à ſa derniere maladie. Il fut attaqué, au mois de Juin 1662, d'une colique très-aigue & preſque continuelle, qui ne lui permettoit que des momens de ſommeil. Les Médecins qui le traitoient, témoins de ſes douleurs, jugeoient bien qu'elles affoibliſſoient beaucoup ſon corps; mais comme elles n'étoient accompagnées d'aucun ſymptôme de fievre, ils ne regarderent pas ſon état comme dangereux. Il étoit fort éloigné d'avoir la même ſécurité; du premier moment, il dit qu'on y ſeroit trompé, & qu'il mourroit de cette maladie. Il ſe confeſſa pluſieurs fois; il vouloit qu'on lui apportât le Viatique; mais, pour ne pas effrayer ſes amis, il conſentit aux délais qu'on lui demandoit, ſur la parole des Médecins qui ne ceſſoient d'aſſurer que d'un jour à l'autre il ſeroit en état d'aller recevoir la Communion à l'Eglise. Cependant ses douleurs augmentoient toujours : à la colique qui déchiroit ses entrailles, se joignirent de violens maux de tête, & des étourdissemens très-fréquens; bientôt ses souffrances devinrent insupportables. Il étoit néanmoins tellement résigné à la volonté de Dieu, qu'il ne laissa jamais échapper le moindre mouvement de plainte ou d'impatience. Son imagination, échauffée par l'ardeur du mal, n'étoit occupée que de projets de bienfaisance & de charité. Il fit son testament, où les pauvres eurent la meilleure part : il auroit même desiré leur laisser tout son bien, si une telle disposition n'eût été trop nuisible aux enfans de M. & Madame Périer, qui n'étoient pas riches. Du moins, s'il ne pouvoit faire davantage pour les pauvres, il vouloit mourir parmi eux : il demanda avec instance, pendant plusieurs jours, qu'on le transportât aux Incurables; & on ne put le faire revenir de cette idée, qu'en lui promettant que s'il guérissoit, il seroit libre de consacrer entiérement sa vie & ses biens au service des pauvres. Durant toutes ces agitations, il lui prit, le 17 Août, une convulsion si forte, qu'on le crut mort.

Ceux qui l'aſſiſtoient, étoient déſeſpérés de s'être refuſés au deſir ardent qu'il avoit témoigné tant de fois de recevoir l'Euchariſtie. Mais ils eurent la conſolation de le voir revenir en pleine connoiſſance. Alors M. le Curé de Saint-Etienne-du-Mont, entrant avec le Saint-Sacrement : *Voici*, lui dit-il, *celui que vous avez tant deſiré.* Paſcal ſe ſouleva de ſon lit de douleurs, & reçut le Viatique avec un reſpect & une réſignation qui arracherent des larmes à tous les aſſiſtans. Un moment après, ſes convulſions le reprirent, & ne le quitterent plus : il mourut le 19 Août 1662, à l'âge de trente-neuf ans & deux mois (1).

---

(1) Paſcal eſt enterré à Paris, à Saint-Etienne-du-Mont, ſa Paroiſſe, derriere le Maître-Autel, près la Chapelle de la Vierge, à main droite, au coin du pilier de la même Chapelle. L'Epitaphe qui ſuit fut appliquée à ce pilier ; mais on l'a tranſportée depuis au bas de l'Egliſe, au-deſſus de la porte latérale à droite.

Pro columnâ ſuperiori,
Sub tumulo marmoreo,

Jacet BLASIUS PASCAL *Claromontanus, Stephani Paſcal in Supremâ apud Arvernos Subſidiorum Curiâ Præſidis filius. Poſt aliquot annos in ſeveriori ſeceſſu & divinæ legis meditatione tranſactos, feliciter & religiosè in pace*

Son corps ayant été ouvert, on trouva qu'il avoit l'eſtomac & le foie flétris, les inteſtins gangrenés : on remarqua avec étonnement que ſon crâne contenoit une quantité énorme de cervelle, dont la ſubſtance étoit fort ſolide & fort condenſée.

Tel fut cet homme extraordinaire, qui reçut en partage de la Nature tous les dons de l'eſprit : Géometre du premier ordre ; Dialecticien profond ; Écrivain éloquent & ſublime. Si on ſe rappelle que dans une vie très-courte, accablé de ſouffrances preſque continuelles, il a inventé la Machine Arithmétique, les Principes du calcul des Probabilités, la méthode pour réſoudre les Problêmes de la Roulette ; qu'il a fixé d'une maniere irrévocable les opinions encore flot-

Chriſti vitâ functus anno 1662, ætatis 39, die 19 Auguſti. Optaſſet ille quidem præ paupertatis & humilitatis ſtudio etiam his ſepulchri honoribus carere, mortuuſque etiamnùm latere, qui vivus ſemper latere voluerat. Verùm ejus hac in parte votis cùm cedere non poſſet Florinus Perier in eâdem Subſidiorum Curiâ Conſiliarius, ac Gilbertæ Paſcal, Blaſii Paſcal ſororis, conjux amantiſſimus, hanc tabulam poſuit, quâ & ſuam in illum pietatem ſignificarèt, & Chriſtianos ad chriſtiana precum officia ſibi & defuncto profutura cohortaretur.

tantes des Savans, par rapport aux effets du poids de l'air; qu'il a établi le premier, ſur des démonſtrations géométriques, les loix générales de l'équilibre des liqueurs; qu'il a écrit un des Ouvrages les plus parfaits qui ait paru dans la Langue Françoiſe; que dans ſes Penſées, il y a des morceaux d'une profondeur & d'une éloquence incomparables : on ſera porté à croire que chez aucun Peuple, dans aucun tems, il n'a exiſté de plus grand Génie.

Tous ceux qui l'approchoient, dans le commerce ordinaire de la vie, reconnoiſſoient ſa ſupériorité : on la lui pardonnoit, parce qu'il ne la faiſoit jamais ſentir. Sa converſation inſtruiſoit, ſans qu'on s'en apperçût & qu'on pût en être humilié. Il étoit d'une indulgence extrême pour les défauts d'autrui. Seulement, par une ſuite de l'attention qu'il avoit de réprimer en lui-même les mouvemens de l'amour-propre, il en auroit ſouffert difficilement dans les autres, l'expreſſion trop marquée. Il diſoit à ce ſujet, qu'un honnête homme doit éviter de ſe nommer ; que la piété chrétienne anéantit le *moi* humain, & que la civilité humaine le cache & le ſupprime. On voit par

par les Lettres Provinciales, & par plusieurs autres Ouvrages, qu'il étoit né avec un grand fonds de gaieté : ses maux même n'avoient pu parvenir à la détruire entiérement. Il se permettoit volontiers dans la société ces railleries douces & ingénieuses, qui n'offensent point, & qui réveillent la langueur des conversations : elles avoient ordinairement un but moral ; ainsi, par exemple, il se moquoit avec plaisir de ces Auteurs qui disent sans cesse : *Mon Livre, mon Commentaire, mon Histoire : Ils feroient mieux*, ajoutoit-il plaisamment, *de dire : Notre Livre, notre Commentaire, notre Histoire ; vu que d'ordinaire il y a en cela plus du bien d'autrui que du leur.*

Il étoit en vénération dans sa famille, à qui il avoit inspiré son goût pour les Sciences, ses opinions théologiques, & sur-tout son amour pour la vertu. M. Périer, son beau-frere, mourut en 1672, avec la réputation d'un excellent Magistrat & d'un Saint : les Sciences conserveront le souvenir de ce qu'il fit pour elles, en secondant les vues de Pascal sur la pesanteur de l'air. Madame Périer mourut au mois d'Avril 1687, à Paris, pendant un voyage qu'elle y fit : ayant

On trouve chez Nyon l'aîné, Libraire, rue du Jardinet,

Œuvres de Blaiſe Paſcal. *Paris*, 1779, 5 vol. *in*-8. *fig.* *veau écaille.* 36 l.

On vend ſéparément les Lettres Provinciales, 1766, *in*-12. 2 l. 10 ſ.

— Les mêmes avec les notes de Wendrock, (*Nicole*). *Paris*, 1769, 4 vol. *in*-12. 9 l.

Penſées ſur la Religion & quelques-autres ſujets. *Par.* 1761. *in*-12. 2 l. 10 ſ.

Livres nouveaux, dont quelques-uns vont paroître inceſſamment.

Traité des connoiſſances néceſſaires à un Notaire. *Par.* 1781, 5 vol. *in*-12. 15 l.
La ſuite ſous preſſe.

Cauſes célebres, par *Pitaval*, abrégées & continuées par M. *Richer. Paris*, 1781, tom. XVII & XVIII, *in*-12. 6 l.
La ſuite ſous preſſe.

Nouveaux Elémens d'Arithmétique, d'Algèbre & de Géométrie, ſuivis d'un Traité de la Sphere, appliquée à la Géographie. *Paris*, 1781, *in*-12. *figures.* 3 l. 12 ſ.

Expériences ſur différentes branches de la Phyſique, & principalement ſur différentes eſpeces d'air, par *Prieſtley*, traduites par M. *Gibelin*, 2 vol. *in*-12. 6 l.

Récréations phyſiques, chymiques & économiques de M. *Model*, traduites de l'Allemand, par M. *Parmentier. Paris*, 1781, 2 vol. *in*-8. 10 l.

Recueil des Diſſertations Phyſico-Chymiques, préſentées à différentes Académies, par M. *de Machy*, *avec figures. Paris*, 1781, *in*-8. 5 l.

De la Santé, ou des moyens de la conſerver, & de ſe guérir dans les différentes maladies, par l'Abbé *Jacquin. Paris*, 1771, *in*-12. 3 l.

L'Art du Manége, ſuivi d'une méthode de traiter les Chevaux dans les principales maladies auxquelles ils rempli tous les devoirs d'une femme forte & d'une mere chrétienne. Jamais l'union de ces deux époux ne fut troublée, parce qu'elle avoit la Religion pour base.

FIN.

ERRATA.

Pag. 26, lig. 7, *effacez* si

Pag. 34, lig. 10, de *lisez* du

Pag. 105, lig. 11, *Aritméthique* lisez *Arithmétique*

Pag. 127, lig. 2, devoit, fuir *lisez* devoit fuir

Pag. 135, lig. 20, on ne regarda plus les Directeurs du Monastere, que comme des hérétiques & des séditieux. *lisez* on se persuada que les Directeurs du Monastere y fomentoient une hérésie dangereuse.

ſont ſujets, par le Baron *de Sind*, *avec fig. en taille-douce. Paris*, 1774, *in*-8. 5 l.

Eſſai ſur les Langues en général, ſur la Langue Françoiſe en particulier, par M. *Sablier. Paris*, 1781, *in*-8. *broch.* 2 l.

Dictionnaire de la Langue Allemande, à l'uſage des Etrangers, précédé d'une Introduction grammaticale, 4 vol. *in*-4. *en feuilles*, 48 l. par ſouſcription.

Analyſe chronologique de l'Hiſtoire Univerſelle depuis le commencement du monde juſqu'à l'Empire de Charlemagne incluſivement, par M. *Philippe de Pretot. Paris*, 1781, *in*-12. 2 l.

Tableau de l'Hiſtoire de l'Egliſe dans ſes différens ſiecles juſqu'au dix-ſeptieme incluſivement. *Paris*, 1773, 4 vol. *in*-12. 12 l.

Relation de la vie & de la mort de quelques Religieux de la Trappe. *Paris*, 1758, 4 vol. *in*-12. 12 l.

Hiſtoire de France, de *Velly*, continuée par M. l'Abbé *Garnier. Paris*, 1781, tomes XXVII & XXVIII, *in*-12. 6 l.

La même, tome XIV, avec figures inſérées à leur place dans ce volume. *Paris*, 1781, *in*-4. 12 l.

Suite des Portraits des Grands Hommes mentionnés dans cette Hiſtoire, depuis le regne de Henri II juſqu'à celui de Louis XIV. *Paris*, 1781, tomes III, IV & V, *in*-4. *brochés.* 45 l.

Mémoires ſecrets, tirés des Archives des Souverains de l'Europe, traduits de *Vittorio Siri*, par M. *Requier.* Parties 43 & 44, des regnes de Henri IV & Louis XIII. *Sous preſſe.*

Vie du brave Crillon, par Mademoiſelle *de Luſſan. Par.* 1781, *in*-12. 3 l.

Deſcription de Paris, contenant le détail de ſes antiquités, ſes curioſités, ſon gouvernement eccléſiaſtique, civil & militaire, par *Piganiol de la Force*, avec le Plan topographique de cette Ville. *Paris*, 1781, *in*-12. 3 l.

Annales du Regne de Marie-Thérèſe, continuées juſqu'à ſa mort, par M. *Fromageot. Paris*, 1781. *in*-8. *figures*, *veau écaille.* 6 l.

www.ingramcontent.com/pod-product-compliance
Ingram Content Group UK Ltd.
Pitfield, Milton Keynes, MK11 3LW, UK
UKHW012226240726
13966UKWH00003B/984